NOT SUCCESS, BUT MIND

Real 이미지캐스팅

최인희 김구옥 박희정 이수정 진서현 공저

양성원

머리말

한 유태인 가정에서 어머니가 아이를 앉혀놓고 묻는다. "만약 집에 불이 난다면 너는 무엇을 들고 나갈 거니?" 아이는 그 물음에 보석이나 돈이 될 만한 것을 들고 나가겠다고 말하자 어머니는 재차 질문을 한다. "형태도 없고 무미, 무취, 무색인 보물이 뭔지 알고 있느냐?" 어머니가 기다렸다가 아이가 대답을 못하자 말을 잇는다. "바로 지혜이다. 지혜는 내가 살아가는 동안 너 자신을 도와줄 것이다"

지혜는 그저 얻어지지 않는다. 우리는 많은 사람들과 만남과 관계 속에 살아가고 있다. 그 관계 속에서 자신의 이미지를 관리하고 내면을 충실히 하고, 관계에서 필요한 다양한 매너를 익히는 것이 그 무엇보다 중요하다.

한 사람의 삶의 질은 그 사람이 가진 생각에서, 또 행동하는 습관으로 결정된다.

한국에 관광 온 중국인 관광객(유커)들이 대량으로 면세점에서 구매한 포장재를 세관검색에 걸리지 않으려고 버리고 간 쓰레기들이며, 중국인만이 아닌 우리 한국인들도 외국에 나가 '어글리 코리안'이라는 여론의 뭇매를 맞는 것을 보면 아직도 개인적인 이기적인 행동을 버리지 못하고 국가적인 망신을 톡톡히 시키는 사람들이 많이 있다. 금연이라고 적어놔도 그 앞에 버젓이 담배를 피우고, 객실에서 통화를 삼가해 달라고 해도 큰 소리로 통화를 하며 타인의 불편함은 고려하지 않고, 개인의 편리함만 좇는 무책임한 행동이 눈살을 찌푸리게 하는 상황을 만들어 낸다. 또 무술년 첫날 강릉소방서에는 해돋이를 보는 불법주차로 소방서를 점령하여 경포안전센터 앞마당을 차지한 차주들의 행동을 두고 소방서에서는 첫날을 감안해서 과태료는 부과하지 않았다고 한다. 그렇지만 삶과 생활 속에 관습이나 행동, 몸가짐, 생각의 수준이 부족한 모습들이 비난으로 끝나는 것이 아닌, 국가수준의 평가가 이뤄진다는 것을 깨닫기를 바란다. 한 나라의 성숙한 시민의식을 고취하는 엔진 중 하나인 교육이 그래서 더욱 중요한 것이다.

Preface

본서를 통해 지식으로 갇히는 교육이 아닌 숙지하고 습관화되며 행동화하는 지혜로 전환되기를 바라며, 개인뿐만 아니라 국가적인 행동도 교양수준을 높여가는 계기가 되기를 바란다. 자신의 자존감과 글로벌 시대의 트랜드에 맞게 인생의 전반적인 비전과 숨겨진 자아를 찾고 본인에게 어울리는 이미지와 매너는 물론 내면적으로 아름다움을 구체화될 수 있도록 다양한 내용들로 구성하려고 심혈을 기울였다.

아무쪼록 본 저서를 통해 여러분이 퍼스널 이미지를 익히고 세상을 밝고 뜨겁게 빛내는 성숙하고 아름다운 사람으로 사회에서 욕심내는 인재가 되어 그 역량을 힘껏 발휘하기를 바란다.

끝으로 이 책이 나오기까지 많은 도움을 주신 양성원 강철원 사장님과 임직원 여러분께 감사의 인사를 드린다. 더불어 이 책을 선택해 주신 여러분께 감사함을 전한다.

2018년 2월

저자 일동

차례

Contents

차례

Contents

REAL IMAGE CASTING

chapter Real 이미지 캐스팅

01

퍼스널 브랜드

제1장 퍼스널 브랜드(Personal brand)

Note

1. 이미지 메이킹(Image making)의 경쟁력

1) 퍼스널 브랜드(Personal brand)시대

(1) 이미지 메이킹의 이해

주변에는 너무나도 매력적인 사람들이 많이 있다.

그들은 다른 사람보다 더 쉽게 호감을 얻고 마음을 끌어당긴다. 우리는 그들의 매력에 때로는 맥없이 굴복당하고 충성을 맹세하고 끝없는 헌신이나 지지를 보내게 되기도 한다. 어떤 일을 하기 전, 누구를 만나기 전 자기 긍정 암시를 하며 자기가 성공한 모습을 구체적으로 머릿속으로 그리는 연습을 하는 밝고 긍정적인 사고를 갖는 것이 좋은 이미지를 만들어 내는 최고의 에너지가 된다. 전 영국 총리인 존 메이저는 어릴 적에 무척 가난했지만, 한 번도 비관적인 생각을 갖지 않고 항상 희망을 갖고 밝고 긍정적인 사고를 갖는 사람에게 복을 준다고 생각해서 그 자리에 있게 되었다고 회상한다. 진정한 이미지 메이킹은 먼저 자신을 찾는 것이 우선시되어야 할 것이다.

먼저 참 자아를 찾는 방법으로 '나는 누구인가'에 정확하게 대답할 수 있어야 하며, 내가 속한 환경에 따른 본분을 알고 내가 좋아하는 것과 싫어하는 것을 정확하게 구분할 수 있어야 하고, 나의 미래에 대한 목표와 비전을 세울 수 있을 때 비로소 참 자아를 찾았다고 말할 수 있다.

또 주관적 자아상과 남이 나를 바라보는 객관적인 자아상을 일치시키는 것으로 내적, 외적 이미지의 균형과 오해 없이 인정받을 수 있도록 한다. 개인이 생각하는 이상적 자아상을 구축하고 끊임없이 자신의 모습을 향상시켜 나가고, 원하는 미래상을 구축하고자 할 때 이미지 메이킹은 훨씬 효과적으로 이루어질 수 있는 것이다.

즉, 이미지 메이킹이란 개인이 추구하는 목표를 위해 자신의 이미지를 통합적으로 관리하는 행위이자 자기 향상을 위한 모든 노력이라고 말한다. 그래서 성공적으로 개

Note

인의 이미지를 향상하기 위해서는 단순히 표면적인 외적인 것만을 관리하는 것이 아니라, 내적인 본질을 먼저 메이킹하며 타인으로부터 호감과 인정을 받는 것이 중요하다. 왜냐하면 개인의 총제척인 이미지는 결국 개인의 내면과 외면의 조화로부터 결정되기 때문이다.

좀 더 구체적으로 이미지 메이킹(Image making)에 대해 자세히 살펴보도록 하자.

William(1991)은 자기이미지(Self-image)란 자아개념과 같은 의미로 사용되고 있으며, 개인의 생각과 느낌의 총합으로 이야기하고 있다.

우리나라에 이미지 메이킹이 도입된 것은 약 30년 전의 일로, 우리나라에서는 김경호 박사의 의해서 최초 이미지 메이킹의 이론 정립이 되었다. 그 이론을 보면 이미지 메이킹이란 '개인이 추구하는 목표를 이루기 위해 자기 이미지를 통합적으로 관리하는 행위이자, 자기 향상을 위한 개인의 끊임없는 노력을 통칭하는 것이다.'라고 나와 있다. 이미지 메이킹이 중요한 이유는 바로 개인의 인간관계와 밀접한 관련이 있으며, 인간사회에서 그 바람직한 인간관계를 갖는 것은 개인의 행복뿐만 아니라 삶의 질을 향상시키고, 또 직장에서 업무 성과를 높이는 것과도 직접적으로 연결이 되어 있기 때문이다. 따라서 성공적인 이미지를 경영하기 위해서는 겉모습만 관리해서는 안 되고 내면, 외면, 관계적인 면을 통합적으로 관리하되, 좀 더 진실되고 허풍이나 가식적이지 않고 보다 더 그 사람의 진면목을 바라볼 수 있는 하나의 가치, 기준이 될 수 있는 것이다. 내적 이미지란 그 사람을 떠올렸을 때 함께 연상되는 이미지이다.

내적인 이미지가 그 사람의 '셀프 브랜드'가 된다. 이미지란 마음속에 그려지는 상(象), 표상(表象), 심상(心象)의 뜻을 가지고 있다. 어원은 라틴어의 'Imago'로 사물이나 사람에게 받은 인상과 감각 등에 의해 마음속에서 재생하는 것을 말한다.

나의 이미지 작성

내가 생각하는 나의 이미지는?

Note

(2) 이미지 메이킹의 중요성

미국 심리학자인 즈닌(Zunin)의 '최초의 3분간'이라는 말처럼 대부분의 인상은 아주 짧은 시간 안에 결정하며, 그 만남의 인상으로 호감을 통해 심리적 계약이 발전하여 신뢰감이 형성되기도 하고 영향력이 만들어지기도 하지만 반대로 비호감적인 인상이 결정되면 계약 발전에 실패하여 관계가 정지된다고 한다. 이렇듯 사회적인 만남은 이미지와 이미지의 만남이라고 해도 과언이 아니다. 따라서 얼굴도 하나의 경쟁력이라는 말이 이제 어색하지 않다. 당신은 좋은 얼굴, 좋은 인상을 만들기 위해 얼마나 노력하고 있고 당신이 성공하고 싶다면 꼭 갖추어야 할 것은 무엇이라고 생각하고 있는가를 잠깐 생각해 보자.

미국의 한 기관에서 최근 10년간 직장을 잃은 사람들의 해고 원인에 대해 조사했다. 해고원인 중 1위는 바로 '인간관계 능력 부족'이 95%를 차지하며 가장 중요한 원인으로 나타났다. 그리고 미국 컬럼비아 대학 MBA 과정에서 기업 CEO들을 대상으로 '당신의 성공에 가장 큰 영향을 준 요인이 무엇인가'에 대해 조사한 결과, 응답자의 93%가 '대인관계의 매너'를 꼽았고, 응답자의 7%만이 '실력'이라고 대답했다.

성공을 하려면 이미지 메이킹의 전략적으로 활용할 필요가 있다는 것을 다시 증명해주는 결과로 볼 수 있다.

① 조해리dml 창

미국 심리학자 조세프 루프트(Joseph Luft)와 해링턴 인햄(Harrington Ingham)은 두 사람의 이름을 합성하여, '조해리(Johari)의 마음의 창'이라는 자기개방모형을 개발하였다. 이 모형창문에는 자신의 감정, 행동, 기대, 소망, 취미, 관계, 성격의 장단점 등 자신의 관한 모든 것을 포함하고 있다. 이와 같은 마음의 창문을 통해 자신의 대해 더 정확하게 파악할 수 있는 자기모형 툴(Tool)로 활용한다.

	내가 아는 나 (Known to self)	내가 모르는 나 (Unknown to self)
타인이 아는 나 (Known to others)		
타인이 모르는 나 (Unknown to others)		

Note

당신이 성공하고 싶다면 '조해리의 창'을 활용하여 자신의 대해 더 분석하고 보완하라고 충고하고 싶다. 좋은 이미지를 습관화하면 주변 사람들로부터 인정과 지지를 받을 수 있다. 그러다보니 매력적인 사람들이 돈과 명예와 권력을 다 갖는 것을 자연스럽게 보고 있다. 매력이란 도대체 어떤 힘이 있어서 우리는 맥없이 사람의 마음을 뒤흔드는 것인가를 고민해 본다면, 매력과 끌림에는 '노력'이라는 요소가 필요하다는 것을 깨닫게 된다. 그 노력을 위한 첫걸음이 이미지를 관리하는 것이다.

진정한 이미지 메이킹이란 단순히 얼굴 화장과 메이크업, 옷차림으로 전혀 다른 사람을 만드는 외적인 '꾸밈'이 아니라, 단순한 미의 기준을 뛰어 넘는 개인의 개성과 내적인 특성을 파악하여 자신만의 매력과 감정을 끌어내는 목표가 필요하다. 또한 성공을 위한 전략을 만들고 실행하는 과정으로 나를 나답게, 비즈니스상에서 성공적으로 나의 능력을 전문성 있게 살려주기 위한 효과적인 수단이 된다. 여러분은 성공적인 비즈니스에서 가장 중요한 것이 무엇이라고 생각하고 있는가? 바로 첫인상이며 호감가는 이미지가 전제되어야 성공적인 비즈니스를 이끌기에 용이할 수 있다. 성공인으로서 전문가다운 이미지를 연출하려면 단순한 미의 기준을 뛰어 넘는 목표가 필요하다. 좋은 호감과 이미지를 위해서 먼저 에티켓과 매너를 구분할 수 있으며, 그것을 상황에 맞게 잘 활용할 수 있어야 한다.

Self Check

• 웃는 연습을 하고 의도적으로 밝은 얼굴을 한다.	Y / N
• 화장실에서 문을 두드리는 것은 매너이다.	Y / N
• 운전기사가 있는 경우 최고의 상석은 기사 옆자리이다.	Y / N
• 첫인상보다 마지막 인상이 더 중요하다.	Y / N
• 개인의 이미지는 기업 전체의 이미지에도 영향을 미친다.	Y / N
• 주변의 상황을 미리 살피면서 타인을 돕는 것이 즐겁다.	Y / N

② 앨버트 메라비언의 법칙

나만의 이미지 메이킹 방법을 위해 앨버트 메라비언(Albert Mehrabian)이라는 첫인상에 대한 아주 흥미로운 연구가 캘리포니아 대학의 심리학과 교수에 의해 알려졌다. 사람을 평가하는 요소는 3가지로 나눌 수 있다. 첫 번째가 시각적 요소로 전체 중 55%,

Note

목소리 등 음성적 요소 38%, 그리고 그 사람이 하는 말의 내용이 7%로 전체적인 인상을 결정한다고 한다.

이렇듯 첫인상은 말을 나누기 전, 외적으로 보이는 극히 제한된 시각적인 정보로 인해 결정되며, 아주 짧은 시간에 보여지는 이미지, 즉 느낌으로 그 사람의 인상을 반 이상 결정을 한다.

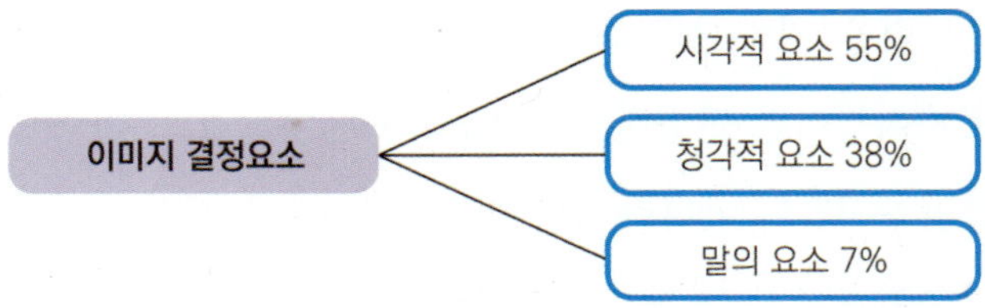

③ PI(Personal Identity)

자신의 이미지를 만드는 것을 PI라고 한다. 자신의 개성과 특성을 살려 자신의 이미지를 가장 아름답게, 나답게 표현하는 이미지를 만들어 내며, 여기서 외모만이 아닌 내적 이미지를 포함한다.

이미지는 외모만이 아닌 개인이 가지고 있는 성품이나 신념을 토대로 그 사람이 어떤 행동을 하는가에 따라 표출되어 전체적으로 이미지가 만들어지기 때문이다.

내적 이미지는 외적 이미지에 영향을 미치는 것으로, 진정한 이미지를 만들어내기 위해서는 내적 이미지를 관리하고 계발해야 한다.

- 자신을 사랑한다.
- 밝고 적극적인 성격이다.
- 좋은 습관을 갖추려고 노력한다.
- 자신의 장단점을 알고 수정, 보완할 수 있다.
- 타인을 배려, 인정하고 올바른 행동을 한다.

내적 이미지 강화를 위해서는 자신감을 갖는 것과 자아 존중감을 높이는 것이 중요하다.

자신감은 명확한 미래의 대한 긍정적인 마인드와 목표가 있을 때 진가가 드러나며,

Note

또한 어떤 일에서든 즐거움이 동반되어야 형성되기 때문에 끊임없이 자신을 분석하고, 최신정보 수집을 받아들이며 보완하는 적극적인 자세가 필요하다. 긍정적인 사고는 심리학자 새드 헴스테터에 의하면 "통상 사람들은 하루 자는 시간 빼고는 오만가지의 생각을 하며 보낸다."고 말한다. 그런데 문제는 그 많은 시간 중 85%가 부정적인 생각으로 보내는 시간이 많다는 것이다. 스스로의 의식을 통찰하지 못하고 내버려두게 되면 후회감만 남는다. 이유 없이 자만심을 갖고 행동하거나 열등감으로 자신을 괴롭히지 않아야 한며, 열등감을 핑계로 자기관리를 게을리하지 않아야 한다.

긍정의 습관화는 한 순간에 만들어지지 않는다. 긍정은 천성이 아니라 후천의 의식적인 행동이라는 것을 스스로가 각인시켜야 한다.

(3) 첫인상의 중요성

학자들마다 첫인상에 대한 견해가 다르지만 보편적으로 첫인상은 아주 짧은 시간에 호감과 비호감 여부로 결정된다는 것이다. 첫인상은 관계의 시작이다. 현대사회에서 우리는 많은 사람을 만나 관계를 맺고 살아가고 있다. 한 사람의 인생이 한 사람과의 만남과 관계에 의해서 형성되기도 하고 결정되기도 한다. 사람과 사람이 만나면 항상 주어지는 것이 첫인상이라는 평가이다.

"첫인상은 아주 짧은 시간인 0.03초 동안에 인상이 결정된다."고 말하는 학자들마다 인상에 대한 결정이 생김새, 표정, 피부, 자세, 말투, 걸음걸이, 미소, 손짓, 몸짓, 목소리, 복장에 따른 첫인상의 단서가 결과가 된다고 말한다. 이 말은 다시 정리해 본다면 좋은 인상을 결정하기 위해서는 시각, 청각, 후각적인 오감 모두를 만족시켜야 한다는 것이다.

사람의 표정은 7천여 가지가 있는데, 그중 좋은 표정을 결정지을 수 있는 좋은 표정근육근이 많지 않다. 처음 만나는 사람 앞에서 밝고 편안하게 미소를 지을 수 있어야 우리는 좋은 첫인상의 이미지를 결정지을 수 있는 것이다. 또한 시선은 영혼을 상징한다고 이야기하듯이 눈빛으로 절제되고 당당하지만, 자아가 불안한 사람은 흐리고 초점이 불안하다. 당당하면서도 부드러운 시선을 주고 받는 연습도 필요하다. 또 피부는 맑고 투명한 피부톤을 갖고 있는지 철저한 청결관리를 통해 자신을 관리하는 것이 중요하다. 피부가 어둡고 칙칙하다면 이목구비의 생김새와 달리 좋지 않은 인상을 받을 수 있다.

Note

나의 경험을 통해 첫인상을 점검해 보자.

Q. 첫인상이 중요하다고 생각하게 된 계기가 있다면?

호감을 주는 인상을 위해 다음 요소들을 살펴보도록 한다.

- Chin : 턱은 약간만 들어도 차갑게 보일 뿐만 아니라 권위적인 느낌을 준다. 반대로 너무 아래로 내리면 눈치를 보는 소심한 이미지를 주기 쉽다.
- Head : 머리를 한쪽으로 기울이면 반발, 의심, 지루함, 무성의해 보일 뿐 아니라 시선이 곁눈질처럼 보여 부정적인 이미지가 될 수 있으니 주의한다.
- Eye : 눈을 맞추는 것은 상대방에게 긍정적인 메시지로 준다. 이때 눈은 눈동자만 돌리지 않도록 하며 지나치게 주변을 두리번거리는 행동은 불안하게 느끼게 하며, 시선이 너무 위로 고정되거나 또 아래쪽으로만 향해 있지 않도록 한다. 고개 전체를 돌려서 상대방과 같은 높이의 정면으로 쳐다본다면 훨씬 부드러운 인상이 전달된다.
  한 사람과 눈을 맞출 때는 적어도 5초 이상은 유지하는 것이 좋으며, 관심이 있다는 따뜻한 눈빛으로 전달할 수 있도록 부드럽게 응시하도록 한다. 단, 오래 대화를 해야 하는 상황이라면 상대방의 눈만 보지말고 양 미간과 눈을 번갈아 바라보며 시선을 처리하는 것이 상대방 입장에서 좋은 이미지로 기억될 수 있다.
- Smile : 미소는 만국공통어라고 이야기를 할 정도로 좋은 인간관계를 위해서 미소는 큰 의미를 상징한다. 자신감과 긍정적인 사고방식이 표정에 나타나기 때문에 이미지 개선을 위해서라도 미소를 짓는 것이 중요하다. 우리의 뇌는 표정과 감정을 통제하는 중추와 연결되어 있어서 억지로 웃어도 실제 웃는 것과 같은 호르몬이 분비된다. 그래서 억지로 웃는 모습이라도 상대방이 바라보는 자신의 모습은 매력적인 얼굴로 보일 수 있기 때문에 억지로라도 웃는 자세가 필요하다. 또 웃으면 스트레스를 해소할 수 있고 건강에도 증진효과가 있으며, 웃는 얼굴에 침 못 뱉는다는 속담처럼 많은 사람들은 웃는 사람을 따르고 좋은 평가를 할 수 밖에 없다. 웃음의 효과는 암 병동에서도 치료목적으로 쓰일 정도로 웃음효과는 알려져 있으며, 최근 미국에서는 많이 웃는 사람에게는 심장병 발병률이 적다는 연구결과도 나왔다. 미소는 이유 없이 상대방에게 호감 있는 사람으로 이끌어낼 수 있는 힘이 있다.
  또한 '부드러운 자신감'으로 해석되는 시대상황으로 항상 웃음을 잃지 않는 사람의 곁에는 늘 많은 사람이 모이는 법이다.
  첫인상이란 아주 짧은 사간에 상대방에게 각인이 되기 때문에 첫인상이 마지막 인상이 될 수 있기 때문에 타인에게 보여주는 첫인상이 중요한 것이다. 오늘날 같이 빠른 정보와 트랜드 상황이라면 성공적인 사회관계 형성을 위해서 첫인상 관리는 성공을 위한 필수조건이라고 해도 과언이 아닐 것이다.

Note

① **심리적인 효과 - 초두효과**(Primacy Effect)

첫인상에 영향을 미치는 심리적인 효과에는 여러 가지가 있다. 초두효과란 어떤 사람에 대해 먼저 제시된 정보들이 나중에 받는 정보보다 더 깊은 인상이 남게 되는 것으로, 최종 판단에 부당한 영향을 갖는 것으로 먼저 들어온 정보가 나중 들어온 정보보다 전반적인 인상형성에 더욱 강력한 영향을 미치는 효과를 말한다.

② **심리적인 효과 - 후광효과**(Halo Effect)

한 대상의 두드러진 특성으로 그 대상의 다른 세부적인 특성까지 좋은 평가로 인해 나머지도 긍정적으로 평가하려는 경향성을 말한다.

예) 2014년 프란치스코 교황이 한국을 방문할 때 의전차량으로 기아의 '쏘울'을 선택해서 탑승한 후, 쏘울은 '교황이 탑승한 차'라는 후광효과로 판매량이 상승한 사례

③ **심리적인 효과 - 부정성의 효과**(Negative Effect)

긍정적인 특징보다 부정적 특징이 강하게 작용하는 현상으로, 어떤 사람에게 부정적 특성이 있으면 좋은 점을 상쇄시킬 정도로 큰 비중을 차지하여 부정적 인상은 긍정적 인상보다 변화기기 더 어려운 현상이다. 사실 부정적인 정보가 강력하고 우월하게 작용할 수 있기 때문에 대상에 따른 평가가 제대로 이루어지지 않은 것도 문제이지만 부정적 인상이 쉽게 변화하지 않는 것이 더 문제가 되기도 한다.

④ **심리적인 효과 - 맥락효과**(Context Effect)

처음에 들어온 정보가 나중에 들어오는 정보에 대한 근거를 제공하는 것으로, 처음 들어온 정보가 나중에 들어오는 정보에 영향을 미쳐 전반적인 맥락을 제공하는 것을 말한다. 위의 내용을 정리하면 다음과 같다.

Note

초두효과	어떤 사람에 대한 인상이 처음에 좋게 인식되면 그 다음에 부정적인 행동까지도 그의 행동을 합리화시켜 생각하는 것
맥락효과	처음에 제시된 정보가 나중에 들어오는 정보들의 처리지침을 만들고 전반적인 맥락을 제공하는 것
첫인상 법칙	첫인상은 만난지 단, 3초~7초라는 아주 짧은 시간에 결정되며 그것을 바꾸는 데는 40시간이 소요
후광효과	'저 사람은 잘생겨서 머리도 좋고 능력까지 좋을 것이다.'로 미루어 짐작되는 것

놀랍게도 사람들은 상대방의 겉모습만 보는 게 아니라 눈빛이나 표정, 자세, 목소리, 말투 등을 통해서 상당히 정확하게 상대방의 내면을 꿰뚫어 볼 수 있다는 것이다.

따라서 이미지를 성공적으로 관리하려면 마음가짐부터 관리해 나가도록 한다.

2. 이미지의 전략적 활용

1) 좋은 이미지 전략 사례

외모를 전략적으로 활용하여 성공시킨 미국 정치인 케네디 대통령의 사례는 익히 들어서 잘 알려져 있다. 그 외에 파워우먼 이미지를 갖고 있는 힐러리 클린턴, 인간적인 스타일의 승리라는 말이 있을 정도로 편하고 맵시 있는 스타일로 좋은 인상을 얻어낸 버락 오바마 등이 좋은 사례가 된다. 그들에 대해 좀 더 자세히 살펴보면 다음과 같다.

(1) 오바마 사례

전 미국 대통령 오바마는 외형적인 모습만 보더라도 187cm로 모델 같은 체형을 가지고 있고, 편안한 미소와 때로는 강력한 표정이 압권이다. 미소는 자신과 상대 모두를 행복하게 만드는 마술이다. 건강하고 단단한 이미지와 젊음, 또 강력한 리더십을 갖고 있는 이미지를 보여준다. 그는 상황에 따라 간간히 언론에 스포티한 가디건을 입고 서

Note

민 같은 이미지를 주고 특히 남색 수트에 흰 셔츠, 그리고 붉은 넥타이를 이용해 문득 성조기의 색상을 인식하게 하여 중요한 자리에서 강인한 의지를 표현하고자 하는 그는 맵시 있는 스타일이라는 찬사를 얻는다.

(2) 힐러리 사례

힐러리 하면 늘 미소 짓고 흔들리지 않는 어렵고 힘든 상황에서도 의연한 의사결정과 그것을 이겨내는 힘, 즉 내면의 힘이 강한 여성이라는 이미지가 있다. 패션에 있어 자신감과 당당한 우먼파워를 자랑하듯 힐러리 클린턴 그녀는 늘 선명하고 강력한 색상의 슈트를 선호한다. 과거 변호사 출신인 그녀는 둔탁하고 다소 세련되지 못한 편안한 이미지를 고수했으나, 퍼스트레이디가 되자 21세기 여성을 대표하듯 지적이면서도 차분하고 세련된 스타일을 연출하여 세계 모든 여성의 로망이 되었다. 그녀를 떠올리면 부드러우면서도 분석력이 뛰어난 논리적인 정치가로 이미지가 각인이 된다.

(3) 케네디 사례

미국의 정치가로 대통령을 지낸 존 F. 케네디는 외면적으로 아주 밝고 당당하며 자신만의 특징인 자신감 있는 표정으로 공화당 후보 리처드 닉슨을 전략적으로 누르고 당선된 정치인으로 널리 알려져 있다. 1960년 미국 대통령 선거 전 당시 세계 최초의 TV토론회에서 함께 출연한 케네디와 함께 영상이 보도되는 순간, 두 사람은 아주 상반된 이미지로 노출되었는데 짙은 감청색 수트를 입고 다소 밝은 톤의 목소리로 이야기하는 케네디는 젊고 당당한 이미지로 보이게 하는 반면, 회색 수트를 입고 입을 꾸욱 다물고 침울하고 어두운 표정의 닉슨은 나이 들고 피곤해 보이는 모습으로 보여 그의 모습을 본 국민들은 실망을 금하지 못했고, 이어 많은 표를 잃게 되었다. 무엇보다 케네디는 늘 밝은 표정인 미소로 자신의 장점을 살리고 매력적인 부분을 강조하여, 국민이 원하는 대통령다운 모습을 잘 찾아 미디어를 잘 활용한 성공적인 이미지 메이킹을 한 대표적인 정치인이다.

이렇듯 이미지 한 가지로 한 사람의 정치 인생을 바꾸기도 하고, 이미지로 많은 사람들에게 존경을 받기도 한다. 놀랍게도 사람들은 상대방의 겉모습만 보는 게 아니라 시선이나 표정, 자세, 목소리, 말투 등을 통해서 상당히 정확하게 상대방의 내면을 꿰뚫

Note

어 볼 수 있다는 것이다. 따라서 이미지를 성공적으로 관리하려면 마음가짐부터 관리해 나가도록 한다. 사람들은 하루 중 대부분의 시간을 타인과 함께 하는 시간, 공간 속에 있다. 그러므로 좋은 인간관계 형성을 위해 좋은 느낌을 전달할 수 있는 표정의 연출이 필요하다고 할 수 있다.

밝은 표정과 미소는 동전의 양면과 같은데 밝은 표정의 연출에 있어서 그만큼 미소가 중요한 역할을 하고, 미소 띤 얼굴을 하다 보면 자연스럽게 밝은 표정이 만들어지게 됨으로써 상대방에게 이유 없이 편안함과 호감도를 유발할 수 있게 된다. 표정은 의식적으로 짧은 시간에 만들어지는 것이 아니라, 오랜 시간으로 관리를 해야 자연스럽게 만들어진다.

사회에서 좋은 첫인상을 주지 못한다면, 제 아무리 뛰어난 기술과 능력을 갖고 있다해도 '한 번 더'라는 기회는 쉽게 오지 않게 된다. 성공을 꿈꾸는 사람이라면, 조직에는 좋은 성과를 창출할 수 있고 개인적인 관계형성에 있어 좋은 첫인상의 호감형이 되도록 자신을 더욱 관리해야 할 것이다.

MEMO

REAL IMAGE CASTING

02

얼굴이 내 프로필

제2장 얼굴이 내 프로필

Note

1. 얼굴경영

'나이 40이 되면 자신의 얼굴에 책임을 져라.'라는 속담이 있다. 이는 우리가 평소에 가장 많이 짓고 있는 표정대로 우리의 얼굴(인상)이 만들어진다는 의미일 것이다. 여러분은 평상시 어떤 표정을 많이 짓고 있는가? 무표정? 찡그린 표정? 웃는 표정? 이렇게 사람이라면 누구나 지니게 되는 다양한 표정들이 있다.

실제로 사람의 얼굴에는 그 사람의 과거와 살아온 흔적, 역사, 그리고 현재의 마음, 미래까지도 다 담겨 있다고 한다. 결국 얼굴은 사는 대로 생기게 되어 있는 것이다. 좋은 마음씨, 긍정적인 태도를 지니고 생활하면 점점 나의 인상이 밝아지고 멋있게 변모하게 되는 것이다. 이처럼 우리가 어떤 마음가짐으로 살고 어떤 표정을 짓는가에 따라 인상이 결정되는 만큼, 우리 각자의 얼굴인상을 경영의 대상으로 보고 마음의 관리와 몸의 관리, 인재관리 등을 통해 얼굴경영을 해보도록 하자.

1) 얼굴경영의 의의

'얼굴경영'이라는 트랜드가 주목받고 있다. 사실 얼굴경영이라는 단어는 다소 생소할 수 있으나, 이미지 메이킹이라고 하면 이해하기 쉬울 것이다. 현대사회에서 자신의 컴플렉스를 보완하기 위해, 그리고 조금 더 호감 가는 인상을 가지기 위해 남녀노소를 불문하고 성형을 시도하는 사람들이 많은 실정이다. 외모가 하나의 스펙이 된 현시대에서 많은 사람들이 얼굴에 투자를 하고 있는 것이 현실이다. 하지만 성형으로 인해 조금 더 나아진 외모를 가지더라도 좋은 인상을 가질 수는 없다. 그렇다면 얼굴경영에서 말하는 좋은 인상이란 어떤 것일까? 좋은 인상이란 한마디로 잘 웃는 얼굴을 말한다.

Note

우리의 얼굴에는 약 80개의 근육이 존재하며, 이 근육들로 약 7,000가지 이상의 표정을 지을 수 있다고 한다. 실제로 그 많은 근육들 중 하나만 다르게 조절하더라도 다른 표정과 다른 느낌을 자아낸다. 웃는 표정을 많이 짓는 사람은 밝은 기운과 밝은 인상을 가진 사람으로 비춰지고, 울상인 표정을 자주 짓는 사람은 우울하고 어두운 인상을 가진 사람으로 비춰진다. 이렇게 자신의 얼굴 속에 있는 다양한 근육과 표정들을 관리하고 경영하는 것을 바로 '얼굴경영'이라고 한다. 자신이 직접 자신의 얼굴을 살피고 표정과 인상을 경영하게 되는 얼굴경영은 타인에게 좋은 인상을 줄 뿐만 아니라, 나 또한 좋은 컨디션을 유지할 수 있게 도와준다. 이로인해 면접을 앞둔 취업준비생이나 이미지관리가 철저해야 하는 직종의 사람들에게 큰 주목을 받고 있다.

2) 얼굴경영의 중요성

"여러분은 하루에 몇 번 정도 거울을 보시나요?", "자신의 얼굴이 어떤 인상을 풍기는지 정확히 알고 있나요?" 이러한 질문에 자신 있게 대답을 할 수 있는 사람은 그리 많지 않을 것이다. 거울을 통해 보는 나의 얼굴도 사진 속에 담긴 내 모습도 실제 나의 얼굴과는 조금은 다른 모습이다. 그렇다면 나의 모습을 제대로 볼 수 있는 방법은 무엇이 있을까? 그것은 바로 상대를 통해서이다. 상대가 나를 보고 느끼는 얼굴 이미지, 인상, 표정 등이 나의 실제 모습인 것이다. 이런 의미에서 보면 얼굴은 나의 것이 아닌 상대의 것일지도 모른다.

그렇다면 내가 만나는 사람들에게 "나는 어떤 모습으로 보이고 싶은가?" 사람들과 더불어 살아가는 이 사회에서 누구나 상대방에게 멋지고 호감가는 얼굴로 보여지고 싶을 것이다. 현대사회에서 외모도 경쟁력이라는 말이 있다. 많은 사람들이 상대방에게 더 좋은 이미지를 전달하기 위해 시간과 돈을 투자하는 등 많은 노력을 하고 있다. 그만큼 대인관계에 있어서도 실질적으로 외모의 중요성을 느끼기 때문이다. 이미지로 먹고 사는 시대에 도래한 만큼, 우리는 자신의 삶을 성공적으로 이끌어 나가기 위해 자신의 이미지 관리를 적극적으로 해야만 한다. 개인의 이미지는 타고나는 것이 아니라 만들어지는 것이다. 자신이 원하는 대로 보여주고 싶은 이미지를 스스로 만들어가야 한다.

Note

이렇듯 적극적인 사회관계를 유지하기 위해 한층 더 업그레이드된 나를 만들어 나갈 수 있게 해주는 얼굴경영은 나를 보다 긍정적으로 이끌 뿐만 아니라, 개개인의 행복과 성공을 가져다 준다는 점에서 매우 중요하다고 볼 수 있다. 얼굴경영을 통해 타인이 바라보는 나의 모습에 관심을 가지고 큰 의미에서 나를 경영한다면, 1인 브랜드 시대에 도래한 현대사회에서 나의 가치를 훨씬 더 높일 수 있을 것이다. 얼굴을 경영한다는 것은 곧 나를 경영하는 일이자, 개인의 브랜드와 더 나아가 회사의 브랜드 가치를 높이는 일이다.

3) 얼굴경영의 효과

얼굴경영으로 얻게 되는 효과 중 가장 대표적인 것으로는 좋은 인상으로 변화한다는 점이다. 좋은 인상이란 균형과 조화가 갖춰진 얼굴을 말하며, 한마디로 잘 웃는 얼굴이라고 할 수 있다. 입 주위의 근육이 올라가 밝고 좋은 인상이 만들어지는 것이다. 이러한 변화는 얼굴에 화색이 돌면서 많이 웃게 되고, 그리고 웃는 과정에서 저절로 입 주변의 근육이 자주 올라가게 되어 얼굴 전체에 탄력이 붙게 된다. 이처럼 긍정적인 에너지를 뿜어내고 화색이 도는 인상으로 변하게 되면, 주위 사람들로부터 좋은 평판을 받게 되어 자신감도 생기고 주변 사람들에게도 긍정적인 에너지가 전달되는 선순환 작용이 일어나게 된다.

Note

(1) 밝고 긍정적인 인상으로 변한다.

(2) 몸과 마음이 건강해진다.

(3) 얼굴에 화색이 돌고 웃는 일이 많아진다.

(4) 자존감이 높아지고 자신감이 생긴다.

(5) 주변으로부터 칭찬 및 좋은 평판을 받는다.

(6) 긍정적인 사고로 인해 스트레스가 줄어든다.

(7) 내 주위 사람들에게 긍정적인 에너지가 전달된다.

(8) 인기가 많아진다.

(9) 얼굴 얼굴색과 탄력이 좋아진다.

(10) 사회적 상호작용 과정에 긍정적인 영향을 준다.

4) 좋은 인상이란?

얼굴경영에서 강조하는 좋은 인상이란 어떤 것일까? 좋은 인상이란 얼굴의 좌우균형과 부드러운 표정을 가진 얼굴이다. 실제로 우리 인간의 인상은 30%는 선천적으로 타고 나는 것이지만, 나머지 70%는 후천적인 요인에 의해 형성된다고 한다. 얼굴근육은 뇌에서 명령하는 것을 전달받아 얼굴에 그대로 표현을 한다. 매사에 부정적인 사고로 가득 차 있는 사람은 얼굴근육이 틀어진다고 한다. 따라서 얼굴은 마음가짐대로, 사는 대로 생기게 되어 있는 것이다. 고매한 인품이 흐르고 인자함이 느껴지는 얼굴을 지닌 분들이 있는가 하면, 겉모습은 그럴듯하나 탐욕이 덕지덕지 붙어있는 얼굴을 가진 분들도 있다. 결국 얼굴표정 근육은 우리가 무심코 짓는 표정대로 근육이 발달하며 표정이 만들어지는 것이다. '나이 40이 되면 얼굴에 책임을 져라.'는 속담은 바로 평상시 가장 많이 짓고 있는 표정대로 얼굴이 만들어진다는 의미일 것이다. 좋은 마음씨, 긍정적인 태도, 즐거운 마음가짐을 가지고 살아가면, 점점 좋은 인상으로 변모하게 된다. 좋은 인상은 억지로 만드는 것이 아니라 저절로 만들어지는 것이다. 우리의 타고난 얼굴은 살면서 '얼굴경영'을 어떻게 하느냐에 따라 좋은 인상이 될 수도 나쁜 인상이 될 수도 있는 것이다.

Note

Tip 좋은 인상의 조건

- 초롱초롱 생기 있는 눈빛 - 눈동자의 흑백이 분명하면서 눈동자가 반짝반짝 빛나야 좋다.
- 미소 띤 입꼬리 - 표정을 결정짓는 가장 중요한 부위인 만큼 위로 올라간 입꼬리가 좋다.
- 탄탄한 얼굴근육 - 긍정적인 생각은 웃는 얼굴로 만들어 얼굴근육이 탄력적으로 변한다.
- 건강한 얼굴색 - 몸이 건강하고 잘 웃어 마음자리가 편안한 얼굴이 좋다.
- 긍정적인 언어사용 - 감사의 표현, 칭찬 등과 같이 긍정적인 말을 자주하는 것이 좋다.

5) 얼굴경영을 위한 준비단계

얼굴경영을 하기 위해서는 몸 경영, 마음 경영, 인재 경영이 함께 이루어져야 한다. 즉, 우리의 얼굴을 경영하기 전에 우리 몸부터 건강해야 하고, 긍정적인 사고로 마음을 경영해야 하며, 나 자신을 존중하고 나에게 어떠한 능력이 있는가를 살펴보는 인재 경영의 단계가 필요한 것이다.

(1) 1단계: 몸 경영하기

- 규칙적인 생활과 운동으로 건강관리하기
- 건강한 식단으로 규칙적인 식사하기
- 충분한 수면으로 생활리듬 유지하기
- 몸에 해로운 것들은 되도록 삼가하기
- 바른 자세 유지하기

(2) 2단계: 마음 경영하기

- 긍정적인 생각으로 마음 다스리기
- 밝은 인생관 가지기
- 즐거운 마음을 가지고 자주 웃기
- 스트레스는 그날에 떨쳐내기
- 복식호흡을 통한 마인드컨트롤하기

Note

(3) 인재 경영하기

- 자신의 있는 그대로의 모습을 존중하기
- 자신이 어떠한 능력을 가지고 있는가를 살펴보기
- 자신의 강점은 무엇인지 파악하기
- 자신의 장점을 극대화시키고 단점을 보완할 수 있도록 계획 짜기
- 자기계발하기

실전연습 - 얼굴경영 준비단계

	현재 나의 모습 진단	얼굴경영을 위한 실천사항
몸 경영		
마음 경영		
인재 경영		

6) 생활 속 얼굴경영하기

얼굴경영은 실생활에서의 실천이 가장 중요하다. 얼굴을 경영하는 방법을 알고 있다고 하더라도 이를 실천해보고 좋은 인상을 굳히기 위해 노력을 하지 않는다면 아무 소용이 없기 때문이다. 그럼 아래의 몇 가지 실천사항을 통해 생활 속 얼굴을 경영하는 방법을 익혀보도록 하자.

Note

(1) 나의 좋은 인상 기억하기

먼저 좋은 인상을 만들기 위해서는 내가 지니게 되는 좋은 인상이 상대의 눈에도 진짜 좋아 보이는지 아닌지를 살펴보는 것이 좋다. 따라서 이를 확인하기 위해 우선적으로 거울이 필요하다. 거울 앞에 선 후 호흡을 가다듬고 마음을 안정시켜 편안히 눈을 감은 후 가장 즐겁고 행복했던 순간을 떠올린다. 즐거웠던 순간을 회상하며 점점 기분이 좋아지고 자신도 모르게 행복함이 느껴질 때 눈을 뜨고, 거울 속 자신의 표정을 기억한다. 이렇게 기억된 나의 표정은 상대에게 보여질 수 있는 밝고 좋은 인상이므로 평소에도 그 표정을 지어보려고 노력하자.

(2) 롤모델 정하고 따라하기

실제로 우리는 누군가를 동경하고 자주 보게 되면 그 동경의 대상과 닮아가고 비슷하게 행동하려는 경향이 있다. 인상도 마찬가지로 내가 닮고 싶은 좋은 인상을 지닌 대상이 있다면 그 사람의 표정이나 외모 등을 잘 기억해 두었다가 따라해보는 것도 좋은 방법이다. 이것이 반복되다 보면 내가 닮고 싶은 롤모델이 지닌 인상, 표정까지도 비슷하게 닮아갈 수 있을 것이다. 따라서 닮고 싶은 좋은 인상을 지닌 롤모델을 정하고, 그 사람의 사진을 붙여놓고 종종 보는 것도 좋은 방법이다.

(3) 스트레스는 자기 전에 해소하기

스트레스를 받은 일이 있었다면 꼭 자기 전에 해결하도록 하자. 스트레스를 받는 일이 생기면 우리는 잠들기 전까지도 그 일에 대해 고민하다가 자신도 모르는 무의식 중에 인상을 찌푸린 채 잠이 든다고 한다. 특히 오후 10시부터 새벽 2시까지는 내일을 준비할 수 있는 에너지를 얻는 시간이기 때문에, 그 시간이 오기 전 스트레스 받았던 일에 대한 생각은 털어버리고 가벼운 마음으로 잠자리에 드는 것이 좋다. 자신이 좋아하는 음악이나 밝고 긍정적인 음악을 들으며, 그날에 받았던 스트레스는 그날에 마무리하는 습관을 들이도록 하자.

Note

실전연습 - 생활 속 얼굴경영하기

나의 좋은 인상 기억하기	사진부착
롤모델 정하고 따라하기	사진부착
자기 전 스트레스 해소하기	나만의 스트레스 해소법 적어보기

Note

2. 표정관리

"얼굴은 마음의 거울이고, 웃음은 그 사람이 살아온 삶의 기록이며, 표정은 그의 신상명세서"라고 한다. 표정은 수없이 많은 자신의 모습 중 자신을 대표하는 이력서와도 같다. '이미지에 따라 성공이 좌우되는 시대'라고 불릴 만큼 한 개인의 이미지가 중요시되는 현 시점에서, 표정관리는 개인의 이미지를 넘어 기업의 성공요인이 되는 중요한 요소임을 명심하자.

1) 표정의 중요성

표정은 사람의 신체기관 중에서 가장 표현력이 좋으며, 그 사람의 감정과 마음이 그대로 드러나는 도구이기도 하다. 그래서 표정은 마음의 징표이며, 정신의 표현이라고도 한다. 비즈니스의 기본은 표정에서부터 시작한다. 대인관계에 있어서 특히 첫 만남에서의 표정은 그 사람을 첫인상을 판단하는 중요한 요소가 된다. 상대방은 무엇보다도 그 사람의 표정을 보고 기분상태, 건강상태, 교양 정도를 가늠할 수 있다. 밝은 표정은 인상을 좋게 하나, 얼굴표정이 어둡고 사나우면 아무리 예쁘고 잘생긴 얼굴이라도 상대방에게 호감을 주기란 어렵다. 따라서 좋은 표정은 사회생활의 중요한 출발점이자 인간관계를 위한 좋은 무기라고 생각하고 미소를 짓는 습관을 가지도록 하자.

Note

Check Point

① 밝고 온화한 표정인가?
② 얼굴 전체가 편안하고 자연스러운 미소인가?
③ 시선이 불안정하지는 않은가?
④ 평상시 미간을 찌푸리지는 않은가?
⑤ 자세를 바꾸면서 표정이 굳어지지는 않는가?
⑥ 상황과 상대에 맞는 올바른 표정을 짓고 있는가?
⑦ 호감 가는 표정을 짓고 있는가?

2) 미소의 효과

환한 미소는 자신을 가장 아름답게 만들어 주기도 하지만 상대에게 호감을 주는 중요한 요소가 되기도 한다. 미소는 인간관계의 기초이며 친절의 시초이다. 환한 미소를 짓고 있는 사람을 보면 보는 사람도 덩달아 행복해진다. 이처럼 미소는 상대방에게 호감을 줄 수 있고, 긍정적인 반응을 이끌어 낼 수 있기 때문에 최고의 인간관계 효과를 낼 수 있다.

(1) 긍정적인 이미지 형성
(2) 엔돌핀 생성을 촉진시켜 건강증진
(3) 마인드컨트롤
(4) 스트레스 경감효과
(5) 친화작용으로 인한 최고의 인간관계 효과
(6) 얼굴근육을 끌어올려 동안 외모 유지
(7) 세로토닌 분비를 촉진시켜 면역성 강화

3) 밝은 미소 만드는 표정운동

얼굴은 선천적으로 타고나는 것이지만, 아름다운 미소는 연습을 통해 충분히 연출할 수 있다. 하지만 자연스러운 미소는 하루아침에 만들어지지 않는다. 틈틈이 거울 앞에서 미소 연습을 해 보자. 표정근육을 단련시켜 보다 쉽게 자연스러운 미소를 가꿀 수 있다. 항상 거울을 들여다보며 나의 얼굴 표정을 체크하고, 밝은 미소가 생활화될 수 있도록 노력하자.

Note

(1) 눈썹 운동

• 양손의 검지손가락을 수평으로 해서 눈썹에 가볍게 댄 상태에서 눈썹만 위아래로 움직여 눈썹주변 근육을 풀어준다.
• 이번에는 손가락을 떼고 눈썹을 위아래로 5회 움직인다.

(2) 눈 운동

• 편안한 자세로 조용히 두 눈을 감고 긴장을 풀어준다.
• 반짝 눈을 크게 뜨고 눈동자를 '왼쪽 - 위 - 오른쪽 - 아래' 방향으로 5회 회전시킨다.
• 눈두덩이에 힘을 주어 꽉 감는다.
• 다시 반짝 눈을 크게 뜨고, 이번엔 눈동자를 '오른쪽 - 아래 - 왼쪽 - 위' 방향으로 5회 회전시킨다.

(3) 볼 운동

• 심호흡을 크게 한 후 양 볼에 공기를 넣는다.
• 볼을 빵빵하게 부풀린 채 공기를 왼쪽 볼로 이동시킨 후 10초 유지한다.
• 왼쪽 볼에 있는 공기를 인중으로 이동시키고 10초 유지한다.
• 다시 공기를 오른쪽 볼로 이동시키고 10초 유지한다.
• 턱에 공기를 넣은 채 10초 유지한다.

(4) 코 운동

• 코를 찡그려 코와 미간 사이에 주름을 만든다. 그 상태로 5초 정도 유지한 후 풀기를 반복한다.
• 콧구멍을 늘였다 줄이기를 5회 반복한다.

(5) 입 운동

• 입술을 뾰족하게 앞으로 내밀었다가 입가를 최대한 당겨 미소 짓기를 5회 반복한다.
• 입을 크게 벌였다 다물기를 반복한다.
• 입을 최대한 크게 벌려 또렷한 발음으로 천천히 아, 에, 이, 오, 우를 반복한다.

(6) 턱 운동

- 입을 최대한 크게 벌려 오른쪽과 왼쪽 방향으로 번갈아 움직인다.
- 턱을 최대한 벌린 채 10초 동안 유지했다가 다문다.
- 입을 벌린 후 아래턱으로 원을 그리며 오른쪽, 왼쪽으로 크게 회전한다.

(7) 혀 운동

- 입을 크게 벌리고 혀를 오른쪽 방향으로 3회, 왼쪽 방향으로 3회 회전한다.
- 혀를 내밀어 코끝에 닿을 정도로 위로 5초, 턱에 닿을 정도로 아래로 5초 유지한다.
- 입 속에서 혀로 좌우 볼을 2회씩 밀어준다.

4) **마음으로 웃어야 진짜 미소**

<그림 2-1> 즐거운 마음으로 웃었을 때 - 진짜 미소(좌), 눈과 입으로만 웃었을 때 - 가짜 미소(우)

위의 두 사진 속 여성의 미소에 차이가 느껴지는가? 그렇다면 두 사진 중 어떤 미소가 더 자연스러워 보이는가? 아마 대부분의 사람들이 왼쪽 사진을 꼽을 것이다. 실제로 왼쪽 사진은 즐겁고 행복한 생각을 하며 미소를 지은 것이고, 오른쪽 사진은 즐거운 마음 없이 눈과 입으로만 미소를 만들어 낸 것이다.

표정이라는 것은 현재 나의 심리적인 면이 가장 잘 나타나는 도구이다. 마음은 우울한데 억지로 웃는 표정을 짓는다고 한들 양쪽 입꼬리가 올라갈 순 있지만, 밝고 환한

Note

미소로 보이지는 않는 것이다. 밝고 즐거운 마음에서 좋은 표정이 나오고 진짜 미소가 나오는 법이다. 따라서 미소는 내면에서부터 우러나와야 한다. 단지 미소를 짓기 위해 애써 눈과 입만 웃는 것이 아니라, 온 마음으로 충분히 즐거워하며 그 즐거운 감정이 표정으로 우러나오도록 해야 하는 것이다. 이를 위해서는 항상 스스로 즐거운 마음을 갖도록 노력해야 한다. 또한 표정은 일시적인 연출이 아니라 꾸준한 습관에서 나오므로 항상 밝고 긍정적인 태도를 생활화하고, 따뜻한 마음과 품위 있는 인격을 지니도록 노력하자.

Tip 진짜 미소를 만드는 방법

① 즐거운 생각으로 웃자.
② 밝고 긍정적인 태도를 생활화하자.
③ 마인드 컨트롤 하자.

MEMO

REAL IMAGE CASTING

03

아름다움의 완성

제3장 아름다움의 완성

Note

1. 고객을 사로잡는 힘

1) 고객심리의 이해

(1) 사회적 관계의 중요성

모든 사람은 사회 속에서 다른 사람들과 관계를 맺고 생활을 한다.

인간이라는 글자에 들어가는 '사람 인(人)'이라는 글자는 사람과 사람이 서로 등을 맞대고 있는 것을 형상화한 것이다. 넓은 의미에서 인간관계란 태어나서 죽을 때까지 두 사람 이상의 사람들, 또는 다른 사람들과의 관계 속에서 일어날 수 있는 모든 상호작용을 의미하며, 타인과의 화합을 원만하게 유지하고 더욱더 좋은 상태를 유지하기 위한 모든 내용을 인간관계라 할 수 있다. 그래서 인간관계는 우리의 삶을 행복을 추구할 수 있는 선물일 수도 있고, 때로는 다른 사람과의 갈등으로 불행과 고통의 원천이 되기도 한다. 서양 속담에 '고양이를 잡으려면 목덜미를 잡고 토끼를 잡으려면 귀를 잡고 사람을 잡으려면 마음을 잡으라.'는 말이 있다.

제 아무리 잘난 사람도 사람의 마음을 얻어야만 성공과 행복을 기대할 수 있는 것처럼 대인관계능력은 바로 사람의 마음을 얻는 능력으로 상통된다.

그러나 안타깝게도 사람의 마음은 돈이나 목숨을 걸고도 얻기 어렵다. 마음은 억지로 움직일 수가 없고, 하루에도 오만가지 생각을 하듯 사람들은 변덕이 심하기 때문이다. 그래서 속담에도 '열 길 물속은 알아도 한 길 사람 속은 모른다.'는 말이 있는 것처럼 마음을 얻을 수 있는 좋은 관계가 형성되면 바로 신뢰감과 계약으로 연결이 될 수 있는 것이다.

여기서 인간관계의 정의를 살펴보고 가자. 일반적이고 통속적인 의미로서의 인간관계라는 말은 글자 그대로 사람과 사람 사이의 관계 즉, 사회조직 내에서 이뤄지는 모든 형태의 인간의 상호작용 관계를 말할 수 있으므로 자기이해와 자기조절 능력이 무엇

Note

보다 중요하다고 말할 수 있다. 상호관계에 있어 우호적 인간관계와 적대적 인간관계로 구분될 수 있는데, 단어 그대로 우호적인 관계에서는 호감을 갖고 서로 돕고자 하는 마음이 있고, 적대적 관계에서는 서로 경쟁상대로 인식하거나 인간적인 매력을 느끼지 못하고 적대시하는 태도를 보이게 된다. 따라서 좋은 인간관계를 잘하기 위해서는 공유적인 관계를 잘 유지하도록 한다.

인간관계라는 용어가 학문적으로 사용된 것은 1930년대 미국의 벨식 전화기 제조회사인 웨스턴 일렉트릭사의 호손 공장에서 이뤄진 이른바 호손실험(hawthorne Experiment, 1927~1932)에서 채택된 인간관계적 접근방법(Human relations approach)으로부터 유래되었다.

실험에서 종업원들의 감정적 요인이 생산성 향상에 중대요인이었다는 사실이 밝혀지면서 종업원의 정감적 요인을 중요시하기 시작한 실험이었다.

다른 사람의 행동에 대한 이해나 다른 사람들에게 대한 자신의 표현, 의사소통 원활과 같은 기능이 있지 않나 생각한다. 그 외에도 다른 사람의 설득 가능, 권력의 활용, 집단에서의 함께 일하기, 집단, 모임의 이끌기와 촉진과 같은 기능들이 있다.

이처럼 인간관계는 우리 삶을 이루는 모든 활동이라고 할 수 있다.

아리스토텔레스는 '인간은 천성적으로 사회적 동물이다.'라는 말처럼 인간관계의 중요성을 단적으로 드러내는 표현으로, 인간은 인간관계를 맺지 않으면 안 되는 존재임을 강조한 것이다.

사람들은 본인의 의사와 무관하게 타인과 더불어 죽을 때까지 서로 유기적으로 관계성을 맺고 살아간다. 인간의 삶은 끊임없는 타인과의 인간관계의 테두리 속에서 진행되는데, 집단이나 조직의 관리층에 있는 사람들은 50% 이상의 시간을 사람들을 대하는 인간관계 형성에 소비하고 있다.

또한 직장을 상실한 35%가 기술적 지식이 부족했기 때문으로 나타났는데, 이에 비해 65%는 인간관계 형성에 실패했기 때문이라는 연구보고가 있다. 특히 서비스가 중시되는 사회에서 인간관계 기술 중 경청과 공감의 커뮤니케이션은 매우 중시되고 있다.

고객과의 마음을 얻기 위해서는 먼저 사람의 기본욕구와 사고의 특성을 알아야 한다.

세계 각국의 언어가 다르고 생활방식이 다르듯이, 남녀의 관계에서도 특별한 행동과 언어사용이 다르므로 먼저 남녀의 기본욕구와 심리를 알아보도록 하자.

Note

남자는 먼저 짧고 간단하며 직선적인 언어를 사용한다. 어떤 상황에서도 장황한 말은 쉽게 피로를 느끼고, 스스로도 남자는 늘 직설적이고 간단하게 표현해야 한다고 믿는 경향성이 높다. 또 남자는 익숙함에 길들여져 있다. 안식처를 찾을 때 쉴 수 있으면 된다고 생각하기 때문에 스스로를 꾸미거나 집안을 꾸미고 치장하는 데 큰 관심이 없다. 그래서 남자는 필요한 물품을 돌면서 구매하거나 충동구매를 하지 않으며, 여러 마케팅의 홍보나 이익을 계산하지 않고 필요한 것만 적당한 가격에 구매하고자 한다. 필요 없이 자세하고 길게 설명하는 서비스 직원을 신뢰하지 않으며 필요로 하지 않는 이유인 것이다.

반면, 여성은 기본적으로 가정을 지키고 영위하는 역할을 해왔기 때문에 남자에 비해 아주 섬세하다. 남자가 사냥해온 것들을 준비하고 계획하며 생활을 해야 하는 것 때문에 외부환경의 변화를 빠르게 감지하는 능력을 갖고 있다. 그러다보니 작은 일에 예민하게 반응하고 자세히 알려고 하며, 섬세한 모습이 잘못 까칠하게 보일 수 있지만 이 모든 것은 사냥 나간 남자와 가족의 안락함을 위해 많은 노력을 하는 모습의 일부인 것이다. 또 여자는 필요 없는 걱정을 사서 한다. 그 이유 또한 앞에서 언급한 대로 사냥 떠난 남자 없이 혼자 동굴 속에서 홀로 자식을 키워야 한다. 힘을 쓸 사람이 없다 보니 위험상황을 대비해서 이웃 간의 관계를 돈독히 하려는 습성이 있고, 상대방에게 만일 사태를 대비해서 부드럽게 대하는 행동이 자연스럽게 학습되어 있다.

이러한 남녀의 기본차이를 이해하고 관계관리를 해야 하며, 인간과 삶에 대한 이해와 수용인데 이것은 나와 상대방의 의견이 다를 수 있다. 그럼 자기중심성에서 벗어나기 위해서는 가장 먼저 해야 할 것은 사람들마다 생각의 틀이 다르다는 것을 인지하는 것이다. 다름을 이해하기 위해서는 우선 내 말에 분명한 일리가 있다고 여기는 만큼, 상대방도 그 자신의 말에 일리가 있다고 여기고 있음을 아는 것이 중요한 요소이다. 그리고 상대방 입장이 되어보고 상대방의 눈높이에 맞춰주는 역지사지의 자세가 필요한 것이다.

어느 실험에 의하면, 똑같은 양의 이득의 만족도보다는 같은 양의 손실감이 심리적 충격정도가 3배 정도 더 크다고 한다. 이것을 심리학용어로는 '손실 혐오'라고 하는데, 고객을 응대할 때 우리가 서비스를 제공하는데도 분명히 알고 있어야 하는 부분일 것이다.

Note

그러므로 고객에게 구매를 요청하거나 부탁을 하는 상황이라면 손실프레임을 피하고 이익프레임으로 접근해서 이야기하는 것이 좋다. 더불어 사람의 마음을 녹이고 내 편 만드는 말의 힘은 "Only one"이 있다. 그 밖으로는 내 이야기를 잘 들어주는 사람을 싫어한다는 말은 들어본 적이 없다.

2. 고객을 사로잡는 경청과 공감의 기술

1) 마음을 얻는다는 것

(1) 공감과 경청의 이해

고객의 마음을 사로잡는 방법 중의 하나인 경청과 공감에 대해서도 함께 알아보자.

커뮤니케이션의 출발점은 말하기가 아니라 바로 잘 듣는 경청에 있다. 이청득심(以聽得心)이란 말을 들어본 적이 있을 것이다. '우리가 다른 사람의 이야기에 관심을 가지고 잘 듣는다면 상대의 마음을 얻을 수 있다.'는 뜻이다. 옛부터 말이 너무 많다고 비난하는 일은 있어도 말을 너무 잘 듣는다고 비난하는 사람은 없다, 삼성의 고 이병철 회장이 이건희 회장에게 경영권을 물려주며 내린 휘호만 봐도 경청의 중요성을 다시 한 번 상기하게 되는 계기가 된다.

이때 '들을 청'의 단어를 잘 분석해 보면 귀를 뜻하는 이(耳), 임금을 의미하는 왕(王), 숫자 10을 의미하는 십(十), 눈을 뜻하는 목(目)자가 가로로 뉘어 있으며, 숫자 1을 의미하는 일(一), 마음을 뜻하는 심(心)으로 구성되어 있다는 것을 알 수 있듯이, 고객의 입장으로 해석한다면 고객의 소리를 듣기 위해 귀 기울이는 것처럼 귀를 열어 놓고, 마치 10개의 눈으로 상대방을 바라보듯이 집중하며, 오직 한마음으로 고객의 이야기를 들어야 한다는 것을 의미한다. 경청을 해야 무엇인가를 배울 수 있다. 말을 하는 동안에는 배울 수 없다. 무엇인가를 배우기 위해서는 입을 다물고 귀를 열어야 하는 것이다.

Note

(2) 경청

경청을 해야 상대와 가까워질 수 있다. 스티븐 코비 박사는 성공하는 사람의 7가지 습관 중 '경청 후 이해시키라.'고 말하는 이유는 남의 말을 들어야 하는 중요한 이유 중 하나는 그래야 다른 사람들도 당신의 말을 듣기 때문이라고 이야기했다. 성공적인 비즈니스를 잘 할 수 있는 일류 영업사원과 일류 사업가들의 공통적인 특징은 남의 말을 잘 듣는다는 것인데, 이는 잘 들어야 상대의 호감을 살 수 있고, 상대의 욕구를 정확히 파악하기 때문이다. 찰스 엘리엇 하버드 대학총장은 경청의 중요성을 이야기하며 다음과 같은 유명한 말을 남겼다.

"성공적인 비즈니스 상담에 스킬(skill) 따위는 존재하지 않는다. 상대방의 이야기에 주의를 집중하고 공감하며 듣는 것이 매우 중요하다. 세상에 그 어떠한 찬사도 이만한 효과는 없다."고 하였던 것이다.

이 말은 경청을 최고의 사교의 도구이자, 상대를 내 편 만들 수 있는 최고의 설득의 도구라는 것으로 정리해 볼 수 있을 것이다.

이처럼 경청하는 것은 상대방이 이야기할 때 집중해서 들어야 함을 의미하고, 집중해서 듣는다는 것은 상대가 더 빨리 알 것이다. 이야기를 잘 들어주는 사람을 싫어할 사람은 아무도 없다. 공감하고 경청한다는 것은 다른 사람이 가진 패러다임 안에 들어가는 것을 말한다. "경청하고 공감하는 반응을 보인다."는 것은 상대방의 말을 잘 이해하고 관심을 가지고 있음을 보여주는 것이다. 이 원리의 목적은 고객의 감정이 당신에게 중요하다는 것을 보여주는 데 있다. 당신이 이해하고 있음을 고객이 알아줄 거라 짐작하지 말고 이를 표현하도록 한다. 즉, 다른 사람의 관점에서 사물을 바라봄으로써 상대방을 이해하는 것을 의미하는 것으로, 공감적 경청이라고 하는 것은 상대방의 말을 그저 귀로 듣는 것뿐 아니라 눈과 가슴으로 듣는 것을 의미한다.

이때 우리는 고객의 감정만이 아니라 이야기하는 의미, 그리고 행동까지도 모두 경청해야 한다. 이렇게 할 때 고객에 대해 이해할 수 있으며 원하는 것을 읽을 수 있는 확률이 높게 된다.

경청을 위해서는 입을 다물고 상대방의 말이 다하기까지 침묵하고 끝까지 집중해서 들어주는 인내심과 노력이 있어야 한다. 자기의 느낌을 중요하게 생각하여 자신의 인식의 틀을 판단기준으로 삼을 때가 많다. 이 또한 의식적으로 보류하고 판단하지 않아

Note

야 상대의 메시지를 순수하게 있는 그대로 받아들일 수 있다. 또 중간에 끼어들지 않도록 하며, 대화 중간 상대방의 말을 평가하거나 판단하지 않도록 한다.

> 경청이 어려운 이유를 작성해 보자.
>
> •
> •
> •

그렇다면 어떻게 하면 고객의 마음을 내 편으로 만들 수 있을지 생각해 보자.

사람의 마음을 움직이는 몇 가지 원칙을 살펴보면 내가 먼저 관심을 기울여야 한다. 관심을 갖지 않으면 상대방도 관심을 갖지 않게 되듯이, 관계 첫걸음은 먼저 주목하고 관심을 갖는 것이다. 사람들은 서로 주는 만큼 받기도 한다.

많은 사람들은 의존적 관계이다. 서로가 의존성을 채울 수 있을 때 비로소 관계가 시작되기 때문에 서로의 필요하고 도움될 수 있는 부분을 잘 찾아준다면 좋은 관계가 형성될 수 있다.

상대방의 이야기를 잘 듣기 위해서는 사실 말하는 것보다 듣는다는 것이 더욱더 많은 에너지를 필요로 한다. 그래서 필요한 것이 경청의 기법이라고 할 수 있는데, 경청의 첫 단계로는 먼저 귀로 잘 듣는 것이다. 경청이란 상대방이 전달하고자 하는 말의 내용은 물론 그 내면에 깔려 있는 기분, 감정, 의미까지 기울여 듣고, 이해한 바를 상대에게 몸을 앞으로 당기는 기를 쓴다는 듣기태도를 보여주며, 적극 개입하며 듣는 능동태로서 최대한 재피드백 해주는 것이다. 즉, 상대방의 인격을 존중하는 마음으로 억양, 표정, 제스처를 살피면서 상대방의 말속에 담겨 있는 마음이나 기분을 진심으로 이해하는 노력이라고 말할 수 있다.

경청의 두 번째 단계는 눈으로 듣는 것으로, 상대방을 바라보며 잘 듣는다고 생각하는 사람들도 귀로 듣는 것은 한계가 있기 때문에 말의 내용은 7%밖에 들을 수가 없고, 올바른 경청을 하기 위해서는 나머지 93%인 비언어적인 메시지에 주의를 기울여야 한다.

그중 하나가 눈을 통해 들어오는 정보를 읽는 것이다. 상대방의 감정을 이해하기 위해서 듣는 것이라고 이해하면 될 것 같다. 상대방의 표정이 어떠한지, 당황하고 있는

Note

지, 또는 기쁜지, 화가 나 있는지 등과 같은 감정상태를 읽어주는 것이다.

세 번째 단계는 가슴으로 느끼며 듣는 것으로 마음의 소리를 듣는 것이다.

이 단계의 경청은 상대방의 상황과 입장, 느끼는 감정, 그리고 미묘한 심리적인 변화까지도 경청하는 단계이다. 즉, 말하는 사람의 표면적인 소리 이면에 있는 생각, 감정, 마음, 그리고 소리의 움직이는 것까지 꿰뚫어 볼 수 있는 수준의 경청이다.

경청의 연습단계

- 1단계: 내용을 흉내낸다.
- 2단계: 내용을 구성한다.
- 3단계: 감정을 짐작하라.
- 4.단계: 내용을 재구성하고 상대방의 감정을 짐작하라.

경청의 수준을 3단계로 나눠보면 귀로 하는 경청과 몸으로 하는 경청, 마지막으로 마음으로 하는 경청으로 나눌 수 있는데, 이 중에서 제일 중요한 경청은 바로 마음으로 하는 경청이다. 마음으로 하는 경청이라는 말은 상대방의 진심을 이해하고 마음을 비우고 상대를 알려고 노력하는 경청을 의미한다. 이러한 상황 속에 관계형성은 고객이 먼저 알 수 있는 것이다.

고객과의 좋은 관계를 형성하기 위해서는 소통채널이 있어야 한다. 사람과 사람 사이의 채널이 열려야 다음 단계로 진행할 수 있기 때문이다.

경청하는 태도

① 귀담아 들어라.
② 중간에 말을 끊지 마라.
③ 섣불리 내 판단으로 내용을 판단하지 마라.
④ 적극적으로 반응하라.
⑤ 말할 수 있는 편안한 분위기를 만들어라.

Note

(3) 공감

진정한 공감은 상대방의 말 속에 묻어 있는 감정을 중심으로 듣고 상대방의 입장에서 생각해보는 것으로, 공감대의 형성이 있어야만 제대로 들을 태도를 보이게 되는 것이다. 장자의 말대로라면 우리가 상대방에게 온전히 공감하기 위해서는 자신이 가진 선입견과 판단을 내려놓은 후에야 가능해진다.

우리가 공감적 대화를 중요하게 생각하는 이유는 상대방을 내편으로 만들기 위해서이다. 이제는 직업적으로 변호사나 의사들도 법률적인 부분이나 건강상식을 누구나 갖고 오픈되어 있기 때문에, 고객들과 잘 공감하고 잘 들어주고 숨은 욕구까지 읽어 줄 수 있는 변호사나 의사를 찾게 된다. 공감은 유일하게 인간만이 할 수 있으며, 공감은 조직의 성과와도 직결된다는 것을 익히 알 수 있다.

누군가와 어떤 대화를 나누더라도 성의 없이 듣는 척하는 행동을 해서는 안 된다. 특히 요즘 현대인들은 핸드폰을 거의 신체일부로 생각하고 행동하는 사람이 많다. 대화를 중단하고 양해 없이 혼자 핸드폰을 응시하고 만지는 행동도 대화를 방해하는 요소 중 하나이다. 긍정적인 언어와 행동은 관계의 있어 동지를 만들기도 하고, 부정적인 언어와 행동은 때로는 큰 적을 만든다고 하듯이 상대 마음을 사는 것은 아첨하는 것이 아니라 칭찬하고 인정하는 것이다.

① 상대방을 이해하려는 의도를 가지고 경청하는 것이다.
② 상대방의 준거 틀의 내면에 깊숙이 들어가는 것이다.
③ 다른 사람의 관점으로 사물을 보는 것이 좋다.
④ 상대방의 감정을 내 방식대로가 아닌 깊이 있게 이해하는 것이다.
⑤ 이해한 감정을 함께 나누도록 한다.

사람 관계 사이를 방해하는 요소 중 노이즈라는 것이 있다. 노이즈는 물리적 노이즈와 심리적 노이즈가 있는데, 물리적 노이즈는 커뮤니케이션 장소가 너무 시끄러워서 집중을 할 수 없는 경우에 주로 발생하고, 심리적 노이즈는 화자와 청자 사이의 주고받는 대화 중 청자의 생각과 철학이 너무 강해 상대 입장에서의 이해요소 없이 일방적인 Monologue로 끝날 때 발생한다. 더불어 대화 중 잘못된 편견과 고정관념으로 의도적으

Note

로 필터링을 할때도 장애가 발생하고, 대화가 원활하게 진행되지 못할 때 심리적 노이즈가 생기게 되는 우를 범하게 된다. 이를 피하기 위해 좋은 관계와 원활한 커뮤니케이션을 위해 공감이라는 요소가 필요하며 공감은 먼저 상대방의 감정을 이해하고, 감정을 말로 표현해주는 것이라고 이해하면 된다. 공감을 잘 하기 위해서는 표정이나 제스처를 잘 읽어낼 수 있어야 하며, 상대방의 말 속에 묻어 있는 감정을 중심으로 듣는 것을 의미한다. 상대방이 마음의 문을 열었는지 아직 마음의 준비가 되지 않았는지, 상대를 신뢰하지 않는지 겉도는 형식적인 얘기만 하고 지루해하는지는 아닌지 두루 비언어적인 메시지를 살펴야 한다.

또 공감은 상대 입장에서 상대방의 느낌을 이해하고, 상대방의 모든 것에 관심을 집중해주는 것이 중요하다. 단지 짐작하여 말로 표현해주는 것으로 상대방의 말만 듣고 하는 것이 아니라 비언어적인 메시지를 듣고도 공감을 표현할 수 있다. 공감을 한다는 것이 쉬운 일이 아니며, 타인의 입장에서 보는 것이 결코 쉬운 일이 아니지만 반복된 훈련과정을 통해 익숙해질 수 있게 된다.

공감을 방해하는 요소

-
-
-
-
-

그럼 공감의 특성에는 무엇이 있는지 알아보자.

첫째, 공감과 질문은 다르다는 것이다. 우리가 사람들과 관계를 하면 대화를 하다 보면 궁금증이 생길 수 있는데, 이때는 일반적인 질문보다는 개방적인 질문을 하는 것이 효과적이다.

개방형 질문은 답에 제한이 없는 질문으로 이러한 질문은 정보를 획득할 수 있고 자세한 설명이 필요할 때 문제파악이 목적일 때 하는 질문으로 대개 '누가, 언제, 어디서, 어떻게, 무엇을' 등으로 시작한다. 이때 개방형 질문을 할 때는 간단하지만 명확하게 하는 것이 중요하며, 상대방으로 하여금 말을 많이 하도록 배려하는 것이 중요하다.

Note

둘째, 분명하게 공감과 동의는 다르다. 서로 간 합의한 형태의 판단을 포함하는 것은 동의이며, 상황과 분위기에 맞춰 표현된 감정과 반응을 의미한다. 또한 동의는 다른 사람이 하는 말과 의견에 전적으로 맞는다는 의미를 내포하고 맞장구를 치는 것이다. 그러나 공감은 상대방에게 모든 말이 맞는다는 전제가 아닌 그 이야기에 대해 감정적으로 깊게 이해하는 것을 말한다. 상대방 입장에서 생각할 수 있어야 하고, 다른 사람을 이해하려는 마음이 진정한 공감능력을 느끼게 해 준다.

UCLA 의대에서는 2학년생을 대상으로 환자들과의 공감대 형성을 위해 직접 입원환자 체험 프로그램을 운영하고, MK택시 유봉식 회장은 택시회사 경영을 위해 직접 택시를 타 본다는 것처럼 뭐든지 본인이 느껴보고 그 상황이 되어야 비로소 공감할 수 있는 것이다.

셋째, 공감은 동정심이 아니다. 동정은 다른 사람의 삶 속에 전혀 개입하지 않고 영향을 주지도 못하면서 걱정만 하는 것을 말한다. 동정은 상황적으로 어려운 사람에게 안됐다거나 불쌍하다는 마음을 갖는 것으로, 이러한 동정은 마음만으로는 고객이나 다른 사람과의 신뢰감을 기대할 수 없을 것이다.

대화를 하며 공감받기를 원하는 사람은 우리에게 동정을 구하는 것이 아니기에 앞서 추측하여 행동하지 않도록 한다. 진정한 공감이란 자신을 다른 사람의 처지에 놓고 생각하며, 그 사람의 현재 갖는 느낌을 직관적으로 이해하는 능력이기 때문이다.

마지막으로 공감이란 동질감이 아니다. 동정은 상대방과 일정한 거리를 두고 개입하지 않는 반면, 지나친 동질감은 상대방의 감정에 지나치게 얽혀 버려 둘 다 그 상황에서 헤어나지 못하게 되므로, 자신이 마치 상대방이 된 것처럼 상대방의 기분이나 감정에 오버하지 않도록 적당한 거리가 필요할 것이다.

고객과 응대하며 대화하는 방식 중 공감을 방해하는 요소들을 살펴보면 먼저 설명을 한다는 이유로 어떤 결과가 이어질지에 대해 방화벽을 치는 경우, 고객은 위협적으로 느끼고 불쾌하게 생각할 수 있다. 또 훈계하는 어투로 말을 설교하거나 논리적인 화법을 통해 검증된 데이터를 제시하며 자신의 말만 맞는다는 강한 화법도 피해야 하며, 문제를 해결하는 방법과 대안을 제시하는 부드러운 어투를 사용해야 한다. 마지막으로 모든 사람들은 타인에게 인정받고 존중받고 싶은 심리가 있다. 이를 적절히 활용하여 긍정적으로 평가하거나 상대의견의 동의함으로서 마음을 열게 하도록 한다.

Note

고객을 참여시킨다는 것만으로도 쉽게 마음을 얻을 수 있다. "고객을 참여시킨다."는 것은 고객과 적절한 정보를 공유하고 고객에게 영향을 미치는 결정과 행동에 고객이 참여하게 하는 것을 의미한다. 고객은 자신에게 벌어지는 일에 대해 발언권을 가지고 싶어 하며, "처리되거나", "취급된다"는 느낌은 원하지 않는다. 상황에 따라 고객 참여유도를 하며 고객과 동반자라는 기대를 충족시켜주는 정도라면 고객은 기업의 충성고객이 될 것이다.

반면에 또 상품교환을 요청하거나 클레임을 요구하는 고객에게 조소와 모욕감을 느끼게 하고 규정을 운운하며 불쾌한 감정으로 몰아가지 않아야 하며, 고객이 느끼는 불쾌감의 강도를 축소시켜 말하고 공감을 표하며 불편한 마음이 누그러질 수 있도록 따뜻한 감정으로 대화한다.

그래서 고객을 내 편 만드는 방법에 잼커뮤니케이션(Jamcommunication)으로 경계를 허문 자유로운 의사소통을 잘 활용하도록 해야 한다. 지나치게 사무적이지 않고 편안한 상황을 만들어 자유롭게 대화하는 것이 가장 좋은 응대기법이라 말할 수 있다. 잼커뮤니케이션을 위해서는 주의해야 할 대화법이 있는데, 바로 파괴적인 커뮤니케이션을 피하는 것이다.

파괴적인 커뮤니케이션은 고객과 대화하며 상대방의 말이 끝나기 전에 중간에 끼어들거나 냉혹한 말, 비판적인 판단어법으로 상대방을 찍어 내리는 커뮤니케이션을 이야기한다. 이러한 대화나 고객과의 응대는 더 이상 관계형성이 이뤄질 수 없으며, 개인뿐만 아니라 상황 전체를 와해시키기도 한다. 그러므로 고객과의 관계성은 일회성이 아닌 꾸준한 이해관계를 갖고 갈 수 있고 긍정적인 관계를 유지할 수 있도록 작은 것도 세심하게 살피도록 해야 한다.

그 방법으로 래니어래돈도의 'ABC기법'이 있는데, 하나씩 자세히 살펴보면 먼저 Approach는 접근으로 워밍업으로 해석하면 된다. 이는 우리가 운동을 시작하기 전에 준비운동이 필요한 것과 같다고 보면 된다. 인간관계에서도 마찬가지로 상품설명이 판매를 위해 너무 갑작스럽게 다가가면 상대방은 경계하게 되어 있기 때문이다. 이럴 때 우리가 해야 할 것은 다가간 느낌 없이 자연스럽고 부드럽게 관심을 끄는 대화나 몸짓이 필요할 것이다.

다음으로는 라포형성(rapport)으로 '다리 만들기'가 있다. 우리가 교역공사를 하는 것을 자세히 살펴보면, 다리는 만들 때 가운데부터 만드는 것처럼 양쪽 끝에서 가운데쪽으로 서서히 다리를 만들어 나가듯 고객과의 관계도 처음부터 큰 것이 아닌 작은 것으로 시작해 조금씩 만들어 나가는 것이 좋다. 그렇기 때문에 긍정적인 관계형성을 위해서는 기술뿐 아니라, 많은 시간을 들여 집중하는 노력이 필요한 것이다.

또한 마음을 쉽게 오픈할 수 있는 대화를 위해서 공통점을 찾는 것이 좋다.

인간은 누구나 자신과 공통점이 있는 사람을 좋아하는 경향성을 가지고 있기 때문에 나와 비슷한 사회적 배경, 관심사, 사고 등에 대해 주의를 기울여 이것과 관련된 주제를 대화로 풀어 보면 내 편을 만드는 더 효과적일 수 있다.

Customize(상대방에 맞춰 대화하기)는 상대방과 유사점을 찾아 다리를 만들고, 상황에 맞는 대화법을 적용한다면 더욱 좋은 대화를 이끌어 내어 좋은 관계를 만들어 낼 수 있다는 것이다. 이처럼 'ABC접근방식'을 통해 상대방과의 부드러운 커뮤니케이션을 하면 얼어 있던 상대방의 마음을 녹일 수 있다는 것을 익히고 활용하기를 바란다.

때로는 격조가 높고 겸손한 인격의 탑을 전할 수 있는 감사의 말을 함으로써 상대방을 향한 부드럽고 따뜻한 말로 다친 마음의 치유할 수 있도록 따뜻한 감성언어를 사용해야 할 것이다.

3. 말보다 강한 Body language

문화와 나라는 달라도 기본적인 보디랭귀지(Body language) 신호는 동일하다. 인간의 감정상태 그대로 드러나는 것이 바로 보디랭귀지인 것이다. 각각의 몸짓, 행동이 그 사람이 가지고 있는 감정을 파악하는 데 중요한 열쇠가 되기도 한다. 커뮤니케이션의 대부분이 비언어적인 표현을 통해 이루어지며 사람은 수천 개의 신호로 메시지를 보낼 수 있다고 한다. 몸짓언어는 비언어적인 메시지로 손발, 눈짓을 포함하여 꼭 말을 하지 않더라도 몸짓의 언어로 많은 대화를 하게 된다. 보디랭귀지로 미국 최고법원 판결의 근거가 되며 몸짓언어의 중요성이 알려졌고, 이 몸짓언어를 제대로 관찰하면 범죄행동의 전조증상을 파악할 수 있다는 것이다.

고객의 마음을 얻고 관계를 돈독히 할 수 있는 방법은 논리보다는 감정이며, 표현하고자 하는 메시지를 이해시키고 강력한 메시지 수단이 될 수 있다.

Note

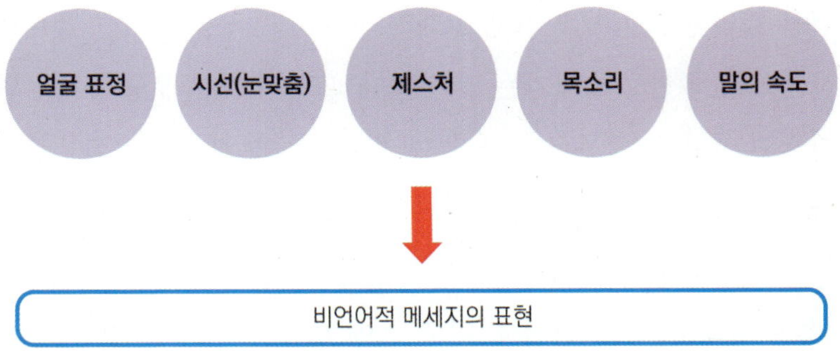

1) 얼굴표정

모든 사람은 사랑과 인정을 받고 싶어 하는 욕구는 누구에게나 공통된다.

매슬로우 욕구체계만 보더라도 알 수 있는 사실이다. 여기에서 알 수 있듯이 마음의 문을 열게 하는 것이 우선시되어야 할 것이다. 고객의 마음이 닫혀 있을 때는 그 어떤 욕구도 채워지지 않기 때문이다. 그렇게 시작되는 고객과의 대화는 잘못된 시작으로 충분히 전달하고자 하는 메시지를 전달할 수 없게 되고, 결과는 단절된 커뮤니케이션을 가져올 수 있게 된다. 그러므로 고객과의 대화의 시작은 그 고객의 얼굴표정을 살펴 현재 기분 상태를 점검하며 가벼운 대화로 시작해야 하고, 자연스러운 관심스킨십을 보이며 먼저 말을 하기 보다는 고객의 표정과 감정을 살피며 대화하면 고객은 큰 호감을 갖게 된다.

얼굴표정에 대한 세계적 권위자인 폴 에크먼 박사는 “만약 사람이 어떤 감정을 나타내는 얼굴 표정을 짓기만 해도 실제로 그에 상응하는 감정을 느낄 수 있다.”고 말한다. 얼굴에서 눈빛만큼 중요한 것은 없다. 사람은 행복과 즐거움을 느끼면 그 신호가 뇌에서 감정을 통제하는 부분으로 전달되어 입주위 근육으로 움직이면서, 뺨으로 올라가고 눈이 작아지며 눈가의 주름이 간다.

얼굴을 찡그리고 있던 사람이 의식적으로 얼굴 근육을 펴고 미소를 지으면 마음도 밝아지면서 긍정적이고 행복한 쪽으로 생각이 변화되는 것처럼, 내부에서 결정되는 감정이 얼굴표정으로 외부로 표출된다.

에크먼 박사는 거짓된 웃음과 진실된 웃음은 얼굴표정으로 구분이 가능하다는 재미있는 결과를 발표했다. 거짓된 미소를 지으면 광대뼈와 입술 가장자리 사이를 오가는 협골근만 움직이지만 진정으로 우러난 웃음을 짓는다면 입 주위 근육과 외측부 근육이 작용해 눈썹과 눈꺼풀이 움직인다. 실제 실험에서 엄마 뱃속에 있는 태아도 외부의 시끄러운 소리를 접하면 스스로 눈을 감는다고 하듯이 이런 동작은 부정의 감정을 드러내는 경우가 많다. 또 우리가 미소를 짓고 있지만 미소에도 진짜 웃음과 가짜 웃음이 있다. 한 TV프로그램이었던 '스펀지'에서도 이와 같은 실험을 진행한 적이 있다. 진짜 웃음은 눈을 주름지게 만들고 입 양쪽 가장자리를 눈쪽으로 끌어올리는 미소가 진짜 웃음이다.

반면 가짜 웃음은 입가는 귀쪽을 향해 움직이지만 눈은 거의 변화가 없다. 눈꺼풀 사이 피부가 약간 아래로 처진다는 것이다.

눈을 내리뜨고 이마를 주름지게 하면서 얼굴을 찌뿌리는 것은 지금 감정적으로 매우 불편함을 표현하는 것이며 손으로 머리를 받치거나 입술 근처, 이마를 매만지는 행동은 지금 본 것이나 들은 것에 대한 의심이나 하고 싶은 말이 있으며, 동조하지 않는다는 행동이다.

실제 실험에서 엄마 자궁 속에 있는 태아도 외부의 시끄러운 소리를 접하면 스스로 눈을 감는다고 하듯이 이런 동작은 부정의 감정을 드러내는 경우가 많다. 또 우리가 상대방과 대화하며 미소를 짓고 있지만 미소에도 진짜웃음과 가짜 미소가 있다. 상대방에게 미소를 지으면 대부분 미소로 답을 할 것이다. 그러면 사람과 사람 사이 원인과 결과의 법칙으로 서로에게 호의적이고 긍정적인 심리관계가 형성될 수 있기에 미소는 호감의 제 1원칙이 된다.

2) Eye Contact

보디랭귀지의 기본은 Eye Contact으로 상대의 눈을 보지 않는 것은 무성의해 보이고 무언가 숨기고 있는 듯한 인상을 주므로 눈을 맞추고 주시하여 집중하고 있음을 보여주는 것이 좋다. 몸으로 말을 하기 때문에 청중의 시선을 잡아 둘 수 있고 더욱 집중할 수 있게 된다. 보디랭귀지를 할 때 시선과 표정 또한 굉장히 중요한 이유는 우리에게 신뢰를 주는 도구이기 때문이다.

표정과 몸짓은 상대방의 마음을 읽거나 상대방이 나에 대해 갖고 있는 감정을 판단할 때 중요한 단서가 되며, 표정과 몸짓언어는 언어보다 더 많은 표현을 드러낸다. 때로는 친밀감, 다정함, 거부감을 전하는 도구가 되기 때문에 우리는 보디랭귀지에 신경을 써야 한다.

3) 코, 입, 턱

콧날을 손으로 만지며 눈을 지그시 감는다는 것은 마음의 갈등을 전달하는 행동이다. 이야기 도중 코를 만지작거리면 상대에 호감을 느끼지 못했다는 뜻이며, 상대방에게 콧구멍이 보일 정도로 코를 치켜들면 상대에게 무관심하며 상대방을 가볍게 여긴다는 증거가 된다. 반면에 이야기를 하는 동안 입술 양끝을 약간 귀 뒤로 당기면 상대 이야기를 경청하고 있다는 뜻이다. 손을 입에 대고 묵묵히 듣고 있는 것은 더 이상 상대방과 대화하고 싶지 않다는 몸짓언어이다. 대화 중 턱을 만지작거리는 것은 불안한 마음의 표출이며 의사결정 과정을 진행 중 이라는 신호로 읽을 수 있다. 목덜미를 만지는 것은 대부분 화가 나거나 위협을 느길대 가라앉히기 위해 손으로 문지르는 경우가 있다. 기계적으로 고개를 끄덕거리는 행동은 상대의 의견에 동조하는 것처럼 보이지만 사실은 부정적인 뜻이 더 많다. 대화를 하며 상체를 뒤로 젖힌 채 이야기를 듣고만 있다면 상대방의 말에 집중하지 않고 뭔가를 지적하고 싶을 때 하는 행동의 의미이다.

4) 제스처(팔)

눈을 내리뜨고 이마를 주름지게 하면서 얼굴을 찌뿌리는 것은 지금 감정적으로 매우 불편함을 표현하는 것이다. 쉽게 눈에 띄지는 않지만 강력한 힘을 지닌 손동작은 방향을 가리키거나 지시할 때 또는 악수할 때의 손동작을 많이 활용한다. 손으로 머리를 받치거나 이마를 매만지는 행동은 지금 본 것이나 들은 것에 대한 의심이나 동조하지 않는다는 행동이다.

또한 악수하는 방법에 따라 인상이 다르게 보인다. 악수를 할 때 강하게 손을 잡는 것은 상대보다 힘이 있고 과시하고 싶은 보상 심리로 해석되고, 반면에 너무 느슨한 악수는 자신 없고 성격이 나약하다는 인상을 줄 수 있으며 수동적인 느낌으로 인사를

Note

나누는 것처럼 관심이 없는 것으로 보여질 수 있다. 그렇기 때문에 적당한 힘을 주어 악수를 하되, 상대와 비슷한 압력으로 손을 쥐어야 한다. 또 머리를 뒤로 손에 깍지를 낀 채로 돌리는 자세는 우월함의 표시로서 보통 회의나 편안한 자리에서 직급이 높은 사람이 자주 취하는 자세이다. 커뮤니케이션에서 상대를 대하는 자세도 중요한 요소이다.

길을 걸으면서 팔을 등 뒤로 돌려 두르며 걷는 사람들이 있다. 대부분의 직업군으로는 변호사, 검사, 연구원, 최고위 공무원, 대학교수, 의사 등 생각이 많고 권위주의가 의식화되어 있는 경우 이렇게 걷는 사람들이 많이 있다.

이는 나한테 "손대지 마시오."라며 소통을 차단하려는 신호로서, 이 몸짓언어는 보통 높은 신분을 갖고 있는 사람들이 무의식적으로 드러내는 경우가 많이 있다.

손을 통한 보디랭귀지 중 가장 기본적으로 손가락을 가리키는 행동을 자주 하는 것을 보는데, 이는 전 세계적으로 부정적인 의미를 해석되므로 손가락질은 하지 않도록 주의해야 한다.

또 항상 습관적으로 팔짱을 끼고 의자에 등을 기대 몸을 뒤로 젖히는 버릇이 있는 경우는 방어의 의미를 갖고 있기 때문에 팔짱을 끼는 습관이 있다면 상대가 나에게 그만큼 다가오기 힘들게 된다. 고객이나 누군가와 대화를 할 때는 의식적으로 메모지와 펜을 들고 있다든지, 손을 탁자 위에 포개 올려놓는 등의 방법으로 팔짱을 끼는 습

Note

관을 버리도록 노력하는 것이 좋다.

또한 팔짱을 끼는 것은 사물에 대한 방어막을 쌓으려는 의도가 많다. 특히 가슴 앞으로 끼는 것은 세계 어디서나 방어와 부정적인 의미로 해석된다.

대화를 할 때 좀 더 주의해야 할 손동작이 있다면 방향, 물건을 지시할 때는 항상 손가락을 모두 모아 손바닥 전체로 사물이나 장소 위치를 가리키는 것이 정중한 표시가 된다. 주먹을 쥐고 손가락 하나를 이용하거나 손가락질을 하는 행동은 상대방에게 불쾌감을 유발할 수 있다. 이렇듯 보디랭귀지는 말을 듣는 청자와 말을 하는 화자 입장 모두 다 유용하다.

5) 제스처(다리)

고객은 직원에게 말을 하지 않아도 직원의 행동에서 메시지를 통해 서비스를 전달받고 상황을 판단하게 된다. 아무리 입으로 '친절히 모시겠습니다.'라고 하더라도 그 직원이 손을 자신의 엉덩이에 놓고 두 다리를 벌린 상태로 손님을 내려다보는 태도를 취하고 있다면 이러한 태도만으로 '고객을 무시하고 존중하지 못한다.'고 말하는 것과 같다.

커뮤니케이션의 93퍼센트는 말의 내용이 아니라 비언어적인 형태, 즉 보디랭귀지를 통해 전달된다고 앞에서도 설명했듯이, 신체언어는 보여주고 싶은 감정뿐 아니라, 감추고 싶은 부분까지 숨김없이 나타내어 커뮤니케이션에서 중요한 역할을 맡고 있다.

말과 행동이 일치하면 말을 강조하는 표현이 되지만, 말과 행동이 일치하지 않을 때는 행동이 표현하는 것을 신뢰하게 된다. 상대방과 대화하는 도중 자꾸 반복적으로 몸이나 다리가 출입문 쪽으로 향하고 있다면, 상대방은 지금 장소에서 일어나고 싶거나 대화를 중단하고 싶다는 신호로 읽을 수 있다.

걸음걸이를 통해 그 사람의 성격과 정신이 표현되어 나온다는 말처럼 기쁠 때 걷는 걸음걸이와 힘들고 좌절될 때의 걸음걸이, 사랑하는 사람을 만나러 갈 때의 걸음걸이와 끌려가는 죄수의 걸음걸이가 모두 다른 것을 보면 알 수 있다. 가슴을 쭉 내밀고 턱을 당당히 든 채 걷는 사람에게서는 약간의 거만함이 느껴지고, 고개를 떨구고 발을 끄는 걸음걸이는 자신감이 없어 보이고 의욕 없이 보인다.

Note

보디랭귀지를 하면 효과적인 이유를 정리해보자면 적절한 제스처는 의도를 정확하게 전달할 수 있고, 제스처로 인한 강한 인상을 남길 수 있다. 그래서 말과 제스처의 타이밍이 중요하고, 팔 전체를 사용하되 너무 큰 동작이다. 잦은 손놀림은 청중의 반감의 살 수 있다. 내용에 따라 다양한 변화를 주는 제스처를 사용하는 것이 좋고, 중요한 부분은 포인트를 주거나 감정을 전달하기 필요한 제스처를 적절하게 활용하는 것이 좋다.

삼가야 할 동작

1. 내용과 일치하지 않는 산만한 동작은 청중의 집중을 방해한다.
2. 이유 없이 창밖을 응시하며 청중 시선과 상관없는 곳에 시선을 두지 않는다.
3. 양손을 교탁 위에 올리거나 의지하는 것도 보기 좋지 않다.
4. 이야기를 하며 자꾸 시계를 보는 것은 듣는 사람에게 불안감을 주거나 급한 모습을 보이는 걸로 오해받을 수 있다.
5. 한발을 구부리거나 한쪽 발을 떠는 행위를 하지 않도록 한다.
6. 이야기를 하며 손을 바지 호주머니에 넣지 않도록 한다.
7. 팔짱을 끼거나 레이저포인트를 계속 돌리는 행동을 하지 않도록 한다.
8. 이야기를 하면서 흥분하여 교탁을 내리치거나 들고 있는 격양된 행동을 보이지 않아야 한다.

쉬어가기

Q1. 대화를 하면서 상대방의 진실된 마음이 느껴졌던 적은 언제인가?

Q2. 마음이 뜻대로 잘 전달되지 않아 오해를 받았던 상황은 어떤 상황이었는가?

REAL IMAGE CASTING

04

내적 이미지 인터뷰

제4장 내적 이미지 인터뷰

Note

1. 긍정적인 내면의 힘

1) 나의 가치를 발견해보자!

자신의 내적 이미지를 향상시키기 위해서는 먼저 자신의 내면에 대한 객관적인 분석이 필요하다. 내면의 객관적인 분석을 통해 장단점을 파악하고, 자신이 바라는 전략적 이미지를 위한 개선방안을 도출함으로써 나의 내적 이미지를 업그레이드 할 수 있다.

(1) 내면의 인터뷰

▌"나는 누구인가?"라는 질문에 "나는 어떤 사람인가"를 설명하는 짧은 문장을 적어보자. (성격, 성향, 신념, 가치관, 배려심, 신뢰감 등)

•
•
•
•
•

▌나의 내적 이미지의 장점과 단점은?

• 장점 :

• 단점 :

▌나는 어떤 사람이기를 원하는가?

• 나는 ________________ 분야에서 ______________한 사람으로 기억되길 바란다.

Note

(2) 내가 바라는 전략적 이미지

	내가 바라는 나의 내적 이미지	구체적인 내적 이미지 향상방안
성격		
가치관		
신념		
태도		
배려심		

2) 자존감을 높이자!

자신을 존중하고 사랑하는가? 자신의 약점보다 장점에 더 집중하고, 자기 비판보다는 자신의 성공과 행복을 스스로에게 확신시킬 수 있는 사람이 더욱 행복해질 수 있다. 자신의 능력과 성공가능성, 가치에 대해 스스로 믿는 정도를 의미하는 자존감은 보다 나은 인간관계를 위한 중요한 밑거름이 된다. 상대에게 인정받기 이전에 내가 나를 인정하는 것이 건강한 관계를 위한 Secret Key인 것이다. 따라서 내가 나 자신을 사랑해야 남도 나를 사랑한다는 것을 잊지 말자.

자존심(Hubristic Price)	자존감(Self-seteem)	자부심(Authentic Price)
남에게 굽히지 않고 자신의 품위를 지키려 하는 마음. 비교를 통해 얻는 감정으로 열등감이 포함돼 있음	자신이 사랑받을 만한 가치가 있는 소중한 존재이고 어떤 성과를 이루어낼 만한 유능한 사람이라고 믿는 마음	무언가를 성취했을 때 느끼는 감정. 일시적 현상에 의해 생기는 감정으로 상황에 따라 변화

(1) 자존감 높은 사람의 특징

① 남과 비교하지 않는다.

자존감 높은 사람들은 타인과 비교할 시간에 자신의 삶에 더 집중한다.

② 자신이 좋아하는 것을 즐길 줄 안다.

취미생활을 즐기거나 좋아하는 일에 열정을 쏟아부을 줄 안다.

Note

③ 남의 기대감에 나를 맞추지 않는다.

자존감이 높은 사람은 주변 사람이 아닌 내 마음속 목소리를 들을 줄 안다.

④ 새로운 일에 도전하는 것을 두려워하지 않는다.

현실에 안주하기보다는 새로운 것들에 도전하며 자신에게 자극을 준다.

⑤ 고정관념을 과감히 버린다.

'저 사람이 안 된다고 했어도 나는 될 것 같다.'라며 남이 정해놓은 굴레를 벗어나 스스로 판단할 줄 안다.

(2) 자존감 높이는 방법

① 나 자신부터 무조건적으로 날 사랑해주자!

아침에 일어나자마자 거울 앞에서 '어머 너무 예뻐!', '오늘 나 너무 멋져!'라고 말해보자. 인간은 누구나 소중한 존재다. 자존감을 상승시키는 데는 '무조건적 수용의 경험'이 필수라고 했다. 조건 없이, 자신을 있는 그대로 인정하고 받아주는 습관을 가져보자.

② 부정적인 생각이나 슬픈 생각은 멈추자!

마음속에 부정적인 생각이 들기 시작한다면 '멈춰!'라고 외쳐보자. 하던 일과 생각을 멈추고 몰두할 수 있는 다른 일을 시도해보자. 산책을 나가거나 집안청소도 좋다. 부정적인 생각의 고리는 끊어질 것이다.

③ '괜찮아. 잘 될 거야.'라고 자기위로를 하자!

마음의 힘은 위로를 통해서 강해진다고 한다. 이 힘으로 인생의 어려움을 극복할 수 있으며, 자존감이 무너지는 것도 막을 수 있다. 스스로를 자책하거나 비하하지 말고 어려움을 겪거나 힘든 일이 발생했을 때는 스스로에게 자신감을 불어넣어줄 말들을 해보자.

Note

④ 작은 성공 경험을 늘리자!

자존감이 낮은 사람들은 실패에 대한 두려움으로 그 무엇도 시도하려 하지 않는다. 그러나 거창할 필요가 없다. 건강한 몸을 위해 3일간 야식을 금지한다든지 아침에 일찍 일어나기 등 자신이 할 수 있는 작은 일들을 행하는 것이다. 성취감은 자존감을 높여주는 열쇠이다.

⑤ 완벽주의를 버리자!

그 누구도 완벽하지 않다. 완벽할 수도 없다. 모든 사람에게 인정을 받아야 한다거나 누구라도 나의 약점을 알아서는 안 된다고 생각하지 말자. 비록 완벽하지는 않지만 최선을 다해서 살고 있지 않은가. 수년 동안 자신을 이끌고 열심히 살아온 자신에게 오늘만큼은 수고했다고 말해주자.

⑥ 하루에 한 가지씩 나를 칭찬하자!

나를 칭찬하는 습관을 기르자. 오늘 하루 어떤 점을 잘했는지, 어떤 모습이 좋았는지 스스로를 칭찬하자. 끊임없이 스스로에게 용기를 북돋아주면 자존감은 자연스럽게 높아질 수 있다.

⑦ 나의 감정을 들여다보자!

자신의 감정이 어떤 곡선을 타고 있는지 살펴보자. 기쁘다면 왜 기쁜지, 슬프다면 그 이유는 무엇인지, 무엇이 날 우울하게 만드는지 등 상황과 기분을 솔직하게 정리해보자. 자신을 온전히 들여다보면 마음이 편해지고 자존감도 상승한다.

⑧ 나의 장점에 초점을 맞추자!

누구에게나 장점은 있다. 비록 그것이 사소한 것이라 할지라도 장점은 장점이다. 내가 가진 장점은 무엇이 있는지 생각해보자. 스스로도 미처 알지 못했던 장점을 발견하고 내 자신도 더 사랑하게 될 것이다.

Note

▌아래의 글은 월드비전 구호팀장을 역임하였던 한비야 작가의 저서『그건 사랑이었네』의 일부분이다. 글을 읽고 자신을 사랑하는 것이란 어떤 것인지를 생각해보자.

이런 말하면 웃을지도 모르지만 난 내가 마음에 든다.

다른 사람과 비교해서 잘났다거나 뭘 잘해서가 아니라, 그냥 나라는 사람의 소소한 부분이 마음에 든다는 말이다. 우선 나는 내가 한 씨라는 게 마음에 든다.

공 씨거나 노 씨나 변 씨였다면 어쩔 뻔했나? "공비야~, 노비야~, 변비야~"보다 한 씨가 백번 낫지 않은가?

내가 58년 개띠라는 것도 마음에 든다. 특징 없는 57년 닭띠나 59년 돼지띠보다는 말도 많고 탈도 많고 동호회도 많은 58년 개띠라서 좋다.

내가 셋째 딸이라는 것도 마음에 든다. 최 진사댁 셋째 딸을 비롯, 셋째 딸은 선도 안 보고 시집간다는 둥 셋째 딸에 대한 근거 없는 좋은 이미지 덕을 보기도 한다.

내 얼굴도 마음에 든다. 날 좋아하는 독자가 아닌 다음에는 두 번 쳐다 볼 일이 없는 평범한 얼굴이지만 웃는 모습이 밝고 환해서 좋다. 160cm에 50kg 남짓 크지도 작지도 않는 대한민국 표준사이즈 몸집도 마음에 든다. 아담한 사이즈 덕분에 비행기를 탈 때 일반석도 일등석처럼 넉넉하게 앉아 갈 수 있는 장점도 있다.

나는 내가 대한민국 사람이라는 것도 마음에 든다. 오지 마을에 가면 낯선 나라에서 왔다고 신기해하고, 개발도상국에 가면 부러운 나라에서 왔다고 해서 반가워한다. 나는 예의와 상식에서 벗어나지 않는 한 이렇게 살기로 마음먹었다

딱히 싫어할 이유가 없다면 좋아하면서 살기로 했다. 그리고 좋아하는 것을 적극적으로 '마음에 든다.'라고 말하면서 마음껏 내색하면서 살기로 했다. 인생이 괴롭다고 몸부림치며 살기보다 재미있다고 호들갑 떨며 살기로 선택한 내가, 나는 제일로 마음에 든다.

- 한비야의『그건 사랑이었네』중에서 -

Note

한비야 작가의 글을 참고하여 자신을 사랑하는 시간을 가져보자.

"나는 내가 ~~해서 참 좋다."라는 형식으로 글을 완성해 보자.

Note

3) 긍정적인 마인드로 살자!

(1) 감사하는 마음 가지기

가진 것에 감사하는 마음을 가지자. 감사하는 마음을 가진 사람은 어떠한 상황에서도 밝은 면을 보게 되며, 어떤 고난과 역경 속에서도 항상 긍정적인 삶의 자세를 이끌어내서 기적을 만들어낸다. 모든 것을 환경 탓을 하며 실패를 거듭할 것인지, 아니면 감사히 받아들이고 노력하여 또 다른 감사를 만들어 낼 것인지는 우리의 마음먹기에 달려 있다. 물이 차 있는 물잔을 보고 "물이 반밖에 없네?"라는 부정적인 생각을 하는 사람과 "물이 반이나 차 있네!"라는 긍정적인 생각을 가진 사람의 차이는 그 사람의 미래를 보면 알 수 있다. 환경을 이겨낼 수 있는 것은 내 마음가짐이라는 것을 기억하자.

사례 1.

오천여 개의 발명품을 만들어 낸 발명왕 에디슨은 어렸을 때 사람들로부터 저능아 취급을 받았다. 그는 다니던 학교에서 쫓겨났으며, 설상가상으로 젊은 나이에 청각장애인이 되고야 말았다. 하지만 에디슨은 인생의 말년에 자신의 삶을 돌아보며 선천적, 후천적으로 자신에게 주어졌던, 남들보다 약하고 부족했던 모든 상황들에 대해 언제나 감사하다고 말했다.
청각장애자였던 그는 연구실에 들어가면 잡음이 들리지 않아 남들보다 연구에 더 몰두할 수 있었고, 그 덕에 수많은 연구 실적을 올릴 수 있었다며 귀가 들리지 않게 해주신 하느님께 감사하다고 했다. 만약 그가 청각장애인이라는 이유로 세상을 탓하고 원망하며 아무런 노력도 하지 않았다면 세계적인 과학자가 될 수 있었을까? 주어진 상황을 겸허히 받아들이며 감사하는 마음으로 더 많은 노력을 했기 때문에 많은 사람들에게 귀감이 되는 과학자가 된 것이다.

Note

사례 2.

일본의 세계적인 부호이자 유명 기업의 마쓰시다 회장은 성공의 이유를 이렇게 밝혔다. "나는 하늘에 세 가지 큰 은혜를 입고 태어났는데 그것은 가난한 것, 허약한 것, 못 버운 것입니다. 나는 가난 속에서 태어났기 때문에 부지런히 일하지 않고서는 잘 살 수 없다는 진리를 깨달았습니다. 또 허약하게 태어난 덕분에 건강의 소중함도 일찍 깨달아 몸을 아끼고 건강에 힘을 써 지금 아흔 살이 되었어도 30대의 건강으로 겨울철 냉수마찰을 하고 있지요. 학업은 초등학교 4학년을 중퇴했기 때문에 항상 이 세상 모든 사람을 나의 스승으로 받들고 배우는 데 노력한 덕에 많은 지식과 상식을 얻었습니다. 저에게는 좋지 않았던 환경과 체력이 오히려 저를 성장하게 하는 좋은 계기가 되었으며, 발전할 수 있는 계기가 되었기에 항상 감사하는 마음을 가지고 남들보다 많은 노력을 해왔습니다. 저에게 삶의 열정과 의지를 주었던 제 환경은 하늘이 준 선물이자 기회입니다. 환경을 이겨낼 수 있는 것은 내 마음가짐이며, 지금도 항상 제 모든 상황에 대해 감사하는 마음을 가지고 있습니다."

(2) 자신감으로 무장하기

자신감은 비즈니스상의 가장 큰 재산이다. 상대의 마음을 사로잡으려면 자신감이 있어야 한다. 자신이 가지고 있는 강점을 바라보고, 자신의 성공을 확신하는 사람이 성공하게 된다. 스스로에 대한 자기평가가 실제 나의 모습을 변화시키기도 한다. 만약 나 자신이 스스로 매력적이라고 생각한다면, 그것은 실제로 다른 사람들이 나에 대해 갖는 이미지가 되기도 한다. 다른 사람들이 나에 대해 인식하는 것은 적어도 나 스스로를 내가 어떻게 보느냐에 달려 있다고 해도 과언이 아니다. 따라서 스스로에게 "나는 멋지다. 나는 매력적이다. 나는 충분히 사랑 받을 자격이 있고 가치 있는 사람이다."라고 말하기 시작하자. 나 스스로 자신을 보는 시각이 바뀌고 사람들에게 자신감을 보여줄 때 사람들이 나를 대하는 태도가 바뀐다는 것을 알 수 있을 것이다.

Note

▌"나 자신에 대한 자신감을 잃으면, 온 세상이 나의 적이 된다."

- 랄프 왈도 에머슨 -

▌"낙관주의는 성공으로 인도하는 믿음이다. 희망과 자신감이 없으면 아무것도 이루어질 수 없다."

- 헬렌 켈러 -

▌"자신을 믿어라. 자신의 능력을 신뢰하라. 겸손하지만 합리적인 자신감 없이는 성공할 수도 행복할 수도 없다."

- 노먼 빈센트 빌 -

▌"다른 누군가가 할 수 있거나 인생에서 이룰 수 있는 일이라면 나 역시 그럴 수 있다."

- 토머스 J 빌로드 -

▌"할 수 있다, 잘 될 것이다." 라고 결심하라. 그러고 나서 방법을 찾아라.

- 에이브러햄 링컨 -

▌"난 못해."라는 말은 아무것도 이루지 못하지만 "해볼 거야."라는 말은 기적을 만들어낸다.

- 조지 P 번햄 -

▌"당신을 놓치는 사람은 평생 후회하게 될 것이라는 자신감을 가져라."

- 앤드류 카네기 -

4) 가슴속에 꿈 하나는 품고 살자!

인생은 하얀 캔버스에 내가 칠해 나가는 대로 그려지는 한 편의 그림과 같은 것이다. 인생이란 두 번은 오지 않는 모험의 여행이므로 가능한 알차고 즐거운 인생을 보낼 수 있도록 최선을 다해야 한다. 자신의 인생에 목표를 가지고 그것을 성취했을 때 비로소 인생의 주역이 될 수 있는 것이다. 내가 지닌 향기 있는 이미지와 긍정적인 태도로, 내가 만나는 사람들과 따뜻한 조화를 유지하면서 내 인생의 지도에 목표와 비전을 세우고 하나씩 성취해나가면 성공적인 삶을 누릴 수 있다.

Note

실패하는 사람에겐 벌레가 살고 있습니다.
게으른 사람에게도 벌레가 살고 있습니다.
포기하는 사람에게도 벌레가 살고 있습니다.

사람의 몸속에는 아주 고약한 벌레가 살고 있습니다.
이 벌레 때문에 꿈과 목표가 실패하여 포기를 하게 만들기 때문인데요.

회충, 요충, 기생충, 십이지장충 같은 벌레는 약으로 잡을 수 있지만
이 벌레는 약으로도 주사로도 잡을 수 없는 어마무시한 벌레입니다.
날마다 우리의 정신과 영혼을 조금씩 갉아먹는 이 벌레의 이름은 바로 '대충'입니다.

사람들이 성공하지 못하는 이유는
대충 생각하고, 대충 계획을 세우고, 대충 노력하고, 대충하다 실패하고 포기하기 때문입니다.

미국 예일대의 연구결과,
입학 당시 자신의 목표를 구체적인 글로 작성한 학생은 3%에 불과했다고 합니다.

그런데 25년 후에 이들이 소유한 재산은
나머지 97% 학생들의 재산을 모두 합한 것보다도 더 많은 것으로 밝혀졌습니다.

구체적인 생각,
구체적인 목표,
구체적인 계획,
구체적인 행동과 실천이 성공의 핵심비결입니다.

이루고 싶은 꿈이 있다면 적당히 '대충'하지 말고 확실하게 하십시오.
지금 내 몸 속에서 자라고 있는 '대충'을 제거하세요.

그리고 이 벌레를 키우시면 어떨까 추천해드립니다.
이 벌레는 "꿈"이라고 불립니다!

-『사람 속의 벌레』 중에서 -

Note

실전연습 - 나의 LIFE PLAN 짜보기

- 나의 꿈은 무엇인가? 궁극적으로 나는 무슨 일을 하고 싶은가?
- 나의 Life Plan을 적어보자.

	Life Plan	실천방안
올해		
3년 후		
5년 후		
10년 후		
일생 동안 이루고 싶은 일		

- 위의 계획을 이루기 위해 필요한 것은 무엇이라고 생각하는가? 또 극복해야 할 점은 무엇이라고 생각하는가?

Note

실전연습 – 나의 미래일기 적어보기

'R=VD'라는 공식이 있다. 현실은 내가 생생하게 꿈을 꾸는 만큼 이루어진다는 의미이다. 꿈을 이룬 나의 모습을 상상해본 적이 있는가? 내가 원하는 꿈을 이룬 후의 나의 모습을 상상하며, 미래일기를 **현재형**으로 작성해보자.

년 월 일

Tip

1. 꿈을 이룬 미래 시점의 날짜(년/월/일)로 일기 적기
2. 미래형이 아닌 반드시 현재형으로 일기적기
   ex) 나는 ~이 되어 있을 것이다(X)
   나는 드디어 ~이 되었다(O)
3. 나의 꿈, 목표를 이루기 위해 노력한 부분을 회상하는 내용은 좋음

Note

2. 고정관념을 탈피하라(가제: 오픈 마인드를 가지고 소통하자)

1) DISC의 이해

"저 사람은 왜 항상 저 모양일까?"

"왜 저런 행동을 하는지 이해를 못하겠네."

"무슨 저런 사람이 다 있지?"

지금까지 살아오면서 나와 생각이나 가치관, 행동양상 등이 틀리다는 이유로 선입견이나 편견을 가진 적이 있을 것이다. 분명한 건 '틀리다'는 것과 '다르다'는 것은 전혀 다른 의미이다. '틀리다'는 무엇이 잘못되었다는 뜻의 'Wrong'을 뜻하나, '다르다'는 생각이나 의견이 같지 않고 다르다는 뜻의 'Different'를 뜻한다. 따라서 '나와 너는 틀려.'가 아닌 '나와 너는 달라.'가 올바른 표현이다.

일반적으로 사람들은 태어나서부터 현재에 이르기까지 살아오면서 각자 나름의 독특한 동기요인에 의해 일정한 방식으로 특정한 하나의 행동을 취한다. 이것은 하나의 경향성을 이루게 되어 자신이 생활하고 있는 환경에서 자연스럽게 그러한 행동을 하게 된다. 우리는 이것을 행동패턴 또는 행동스타일이라고 한다.

DISC는 인간의 행동유형을 검사하는 프로파일 도구로, 미국의 윌리엄 마스턴 박사가 개발하였다. 윌리엄 박사에 의하면, 인간이 환경을 어떻게 인식하는가 또는 그 환경 속에서 자기 개인의 힘을 어떻게 인식하느냐에 따라 주도형(Dominance), 사교형(Influence), 안정형(Steadiness), 신중형(Conscientiousness)의 4가지 형태로 구분된다고 하였다.

따라서 각 유형별 특성에 대해 알고 상대를 대한다면 타인에 대한 선입견이나 고정관념에서 벗어나 타인의 행동을 이해하고, 다른 사람과 효과적으로 상호작용할 수 있을 것이다.

Note

2) DISC 행동유형별 특성

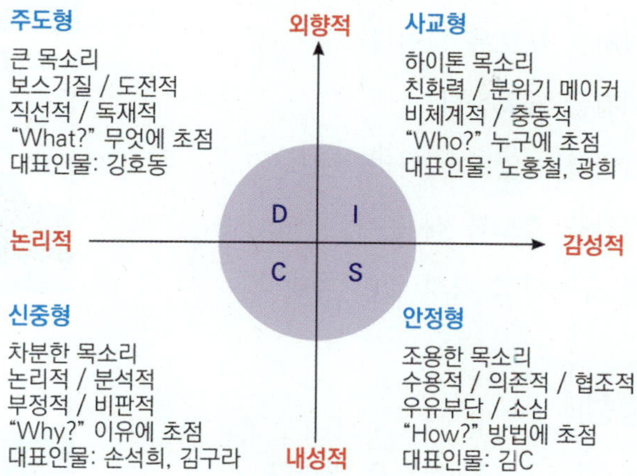

3) 유형별 커뮤니케이션 방법

(1) D형(주도형)

- 대화 목적이나 용건을 바로 말한다.
- 간략히 말하고 핵심만 이야기한다.
- 도전할 수 있는 기회를 제공한다.
- 스스로 결정하게 한다.
- 리더십을 발휘할 수 있도록 책임을 부여한다.

단도직입

(2) I형(사교형)

- 공감표시, 관심표현, 칭찬으로 대화한다.
- 재미있고 부드러운 분위기를 조성한다.
- 감정을 지지해 준다.
- 의견, 생각들을 물어본다.
- 친밀한 관계를 유지하고 격의 없이 대한다.

칭찬 파워

Note

(3) S형(안정형)

- 편안한 환경에서 개인적인 부분에 관심을 가진다.
- 수용하고 지지하는 태도를 보인다.
- 인간적인 신뢰감을 제공한다.
- 재촉하거나 압박하지 않고 기다려 준다.
- 소속감과 안정감을 갖도록 해 준다.
- 친밀한 관계를 유지하고 격의 없이 대한다.

신뢰 구축

(4) C형(신중형)

- 만남의 목적과 시간을 구체적으로 정한다.
- 정확한 사실과 정보를 제공해 준다.
- 원칙을 지지해준다.
- 혼자서 할 수 있도록 독립성을 보장해준다.
- 일관되고 공정하게 대한다.
- 친밀한 관계를 유지하고 격의 없이 대한다.

논리 정연

MEMO

REAL IMAGE CASTING

05

스피치(Speech) 연출 기법

Note

제5장 스피치(Speech) 연출 기법

1. 매력적인 보이스 메이킹

1) 보이스의 중요성

(1) 목소리의 이해

2009년에 한 오디션 프로그램의 참가자들의 놀라운 재능이 화제가 된 적이 있었다. 당시 여성 참가자 중 다른 참가자와 달리 언뜻 보기에 형편없는 외모, 수더분한 모습과 어눌하고 세련되지 못한 말투까지 모든 청중과 심사위원은 그녀에게 큰 관심이 없었다. 형편없는 외모에 심지어 비웃기까지 하는 모습이 느껴졌다. 그러나 잠시 후 그녀가 노래를 시작하자 청중은 모두 놀라면서 기립박수를 쳤고, 심사위원조차도 그녀에게 뜨거운 찬사를 보냈다. 그녀가 불렀던 노래는 레미제라블의 'I Dreamed a Dream'으로 전 세계인의 관심을 끌게 되었다. 그녀의 이름은 바로 수잔 보일이다. 그녀는 2007년 영국 리얼리티 프로그램 '브리튼즈 갓 탈렌트(Britanin's Got Talent)'에서 우승한 폴 포츠를 보고 오디션을 결심했다고 한다. 많은 사람들은 수잔 보일에게 열광했고 그녀에 대한 뉴스기사는 전 세계로 퍼져나갔다. 이 일로 수잔 보일은 유명회사와 가수 계약을 하고 자신의 꿈인 앨범을 발매하게 되었다. 그녀는 목소리 하나로 인생역전을 이뤄낸 것이다.

목소리가 왜 중요하다고 생각하는지 함께 알아보도록 하자.

언어적 표현의 기본은 '목소리'이다. 우리가 소리를 무의식적으로 나오는 대로 뱉어내게 되면 교양이 없는 사람이라는 이미지를 주고, 반대로 사무적으로 딱딱하게 말하면 차가운 사람이라는 이미지를 부여받게 된다. 따라서 발성은 최소한 상대방이 듣기에 자연스러운 조화를 이뤄낼 수 있도록 좋은 느낌을 주도록 한다.

좋은 목소리는 흔히 저 · 중 · 고음의 주파수가 골고루 화합된 목소리일 것이다.

좋은 목소리는 어떻게 정의를 내린다면 저 · 중 · 고음의 주파수가 골고루 섞인 내용에 따라 목소리의 다양한 변화를 줄 수 있는 목소리를 말한다. 즉, 한 음에 고저(高低)

Note

를 다 사용할 수 있는 목소리를 말한다. 그 이유는 말을 오래 들어도 지루함이 없고, 그 말 속에 푹 빠지게 만들어주는 편안한 목소리를 말한다.

목소리의 변화요소

① 크기(Volume) - 평균 목소리의 크기보다 크게 하거나 작게 한다.(규모가 크면 크게, 작은 공간은 작게)
② 빠르기(Rate) - 상황에 따라 빠르게 말하거나 천천히 의도적으로 느리게 완급조절한다.
너무 빠르면 내용에 집중할 수 없고 너무 느리면 지루해할 수 있다.
③ 높이(Pitch) - 현장감과 생생함을 위해 억양을 준다.
④ 쉬기(Phrasing) - 문장 중간중간에 쉼을 준다.
⑤ 강조(Emphasis) - 내용에 따라 중요한 부분에 강세를 준다.

목소리는 그 사람의 인격을 평가하고 평가받기도 한다. 그래서 옛부터 그 사람을 평가하는데, '신언서판'이라는 고사성어로 유래를 보면 중국 당나라 때 관리를 등용하는 시험에서 인물을 평가하는 기준으로 삼았던 것이 바로 '신언서판'으로 표현한다.

그 네 가지 요소는 몸, 말씨, 글씨, 판단이였다고 한다. 그만큼 당신이 어떤 말씨를 갖고 있고, 어떤 목소리로 표현되느냐가 자신의 이미지를 결정하는 데 아주 중요한 역할을 한다는 것이다.

우리가 사람을 처음 만나며 대화를 하면서 상대방의 목소리가 좋으면 이유없이 호감을 느끼기도 하고, 반대로 목소리가 좋지 않으면 상대방에 대한 좋은 이미지가 부정적인 이미지로 추락하기도 하는 것처럼 목소리는 당신이 전하는 말의 내용을 매력적으로 만들어주는 가장 중요한 포장지 같은 이미지가 되기도 한다.

어른들과 선생님의 말은 늘 옳은 말이다. 그러나 우리는 그 말을 옳게 듣지 못하고 잔소리나 쓸데없는 우려라고 일축하기도 한다. 그 내용을 살펴보면 매우 논리적이고 삶을 살아가는 데 필요한 요소이다. 그럼에도 불구하고 듣기 싫은 소리라고 폄하하는 이유는 궁지로 몰아가며 매섭게 쏟아내는 말과 권위적인 말투와 제스처 등이 우리를 혼란스럽게 한다. 이처럼 내용도 중요하지만 전달하는 목소리와 제스처가 얼마나 중요한 요소인지 알 수 있을 것이다.

매력적인 목소리를 한마디로 정의할 수는 없다. 목소리는 소리 하나로 이뤄진 것은 아니다. 그래서 전달력이 좋은 목소리가 매력의 첫 번째 요소가 된다. 매력적인 목소리

Note

를 위해 필요한 요소 중 하나는 호흡이다. 복식호흡은 호흡을 들이마시면서 아랫배를 팽창된 상태에서 울림의 소리를 만들어 내는 것이 중요하다.

복식호흡을 훈련할 때는 들이마시는 것보다 내쉬는 것을 먼저 하는 것이 더 쉽다. 숨을 내쉬며 살짝만 아랫배를 등쪽으로 당긴 후 다시 당겼던 힘을 놓는다. 호흡할 때 중요한 점은 아랫배를 당길 때, 어깨가 머리 위로 올라가게 끌어올리는 것이 아니라 어깨, 가슴의 움직임이 없도록 평평하게 아랫배를 등쪽으로 당겼다가 다시 한 번 당겼던 힘을 놓고, 같은 방법으로 반복하며 훈련을 하면 된다.

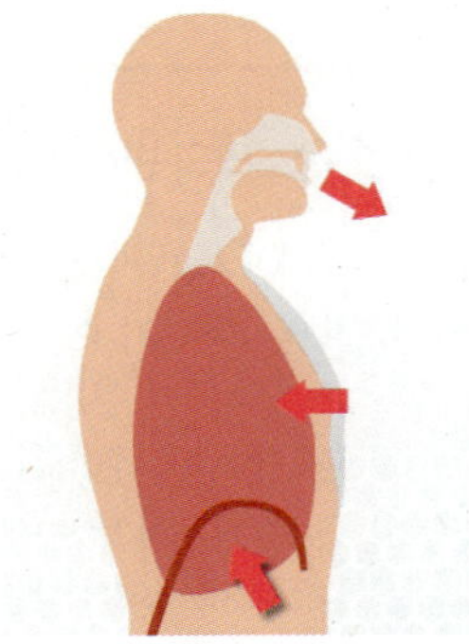
<복식 호흡 훈련표>

매력적인 보이스를 위해서는 말을 할 때 끝까지 힘 있게 하는 것이 중요하며, 힘 있는 소리를 위해서는 힘 있게 호흡을 내뱉어야 하기 때문에 긴 호흡보다는 짧은 호흡이 필요하다. 그래서 자세가 중요하며 스스로가 최대한 몸의 긴장감을 없애는 것이 중요하다. 특히 어깨와 턱에 긴장감을 많이 가지는데, 어깨가 귀랑 가까우면 목에 무리를 주게 되고 턱을 많이 당기는 습관도 목이 꺾이며 소리가 아래로 떨어질 수 있기 때문에 스피치할 때 좋지 않다. 그래서 자신의 자세가 스스로 인지하기 어렵기 때문에 말하는 소리를 직접 녹음해서 듣고 부족한 부분을 고치며 연습하는 것이 좋다.

평상시 자신의 말하는 습관을 돌아보며 호감과 설득력 있는 목소리를 전달하기 위해 어떤 노력을 해야 할지 생각해보자.

-
-
-
-

Note

2. 목소리 연출기법

1) 목소리 활용

(1) 좋은 목소리의 조건

매력적인 목소리는 사람의 마음을 움직이는 힘을 갖게 하고 내용을 전달하는 데 큰 영향을 준다. 영국의 마가렛 힐다 대처(Margaret Hilda Thatcher) 수상은 젊은 시절, 날카로운 음성을 가졌던 소리를 의식하고 좀 더 나직하고 신뢰감 있는 연설을 하기 위해서는 목소리가 중요하다는 것을 알고, 남성과 여성의 중간 음으로 교정하기 위해 많은 시간과 노력을 통해 호소력 있는 음성으로 바꾸는 데 성공하게 되었다. 또 영국의 전 수상이었던 윌리엄 글레드스톤(William E. Gladstone)은 개인적으로 좋아하는 글로 평상시 자주 인용하기도 한다. "스피치와 음성을 훈련시키는 데 들인 시간과 돈은 그 어느 것보다 보상이 확실한 투자"라고 하면서 목소리의 중요성을 강조했다. 사람의 첫인상을 결정하는 요소 중 청각적 요소, 즉 목소리가 이미지에 미치는 영향이 38%를 차지한다고 앞에서도 언급한 바 있듯이 아무리 외모가 훌륭하더라도 음성만으로 좋은 느낌이 반감될 수 있다.

반대로 상대방의 모습에 다소 실망을 했다 하더라도, 대화를 하며 부드러운 목소리와 말투로 대화를 한다면 시각적 요소의 단점이 보완될 수 있다는 점만 봐도 좋은 목소리는 이유 없이 호감과 좋은 이미지를 각인할 수 있는 좋은 요소이다.

또한 목소리는 화자의 감정과 태도를 전달하는 기능도 하며, 문장 중간의 적절한 곳에서 끊으면서 적절한 억양을 구사하는 것도 중요하다.

호감도 있는 목소리를 유지하기 위해서는 안정적 호흡과 자신의 발성기관에 맞는 소리를 찾아야 한다. 자신의 체형에 맞는 최적의 소리, 즉 진성을 찾는 것이 필요한 것이다.

좋은 소리가 나오기 위해서는 4개의 기관이 작동했을 경우에 가능하다. 발동기관, 발성기관, 공명기관, 조음기관이 작동해야 하는 요소로 우선 자세를 바르게 했을 때 소리의 값이 달라진다. 또한 횡경막으로 숨을 쉬는 복식호흡을 했을 때 안정되고 공명 있는 소리를 낼 수 있게 된다. 그러기 위해서는 배로 숨을 쉬는 복식호흡이 중요하며, 꾸준한 연습을 통해서 체계적으로 관리해야 한다.

Note

✅ 내가 생각하는 나의 목소리는?

•

좋은 목소리를 연출하기 위해서는 꾸준한 호흡과 발음, 강조와 쉬기 등 연습이 필요하다.

① **호흡법**

첫 번째 숨쉬기를 할 때는 복식호흡을 한다. 안정되고 떨림 없는 발성으로 소리를 내도록 하며, 발음을 할 때는 천천히 또박또박 명료하고 바르게 발음하며 끝을 애매하게 흐리지 않도록 한다.

말을 시작하거나 중간 중간에 속도가 적절해야 하며 목소리의 크기는 장소와 상황에 따라 조금씩 달라지도록 한다. 또 우리가 흔히 실수하기 쉬운 부분으로 음절의 긴소리와 짧은소리를 적절히 발음하도록 하며, 마지막으로 강조할 곳은 힘을 주어 천천히 말을 하고 스피치 하는 중간중간 적당한 곳에서 포즈를 주며 목소리 외에도 말의 억양, 발음, 속도, 강조하는 부분 등을 고려하여 말하는 것이 중요하다.

그럼 좋은 목소리를 위한 공명법부터 좀 더 자세히 알아보도록 하자.

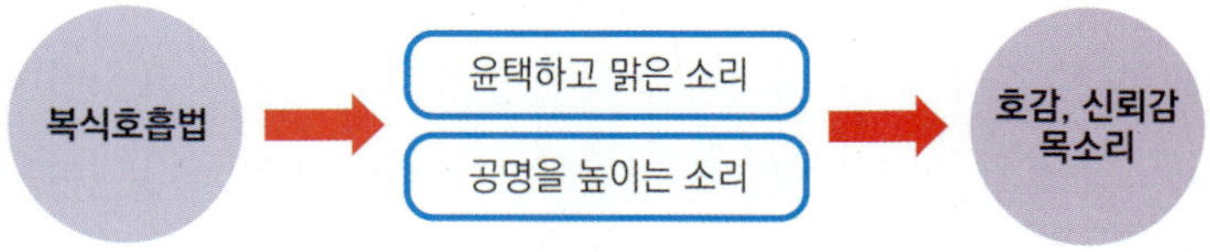

스피치를 할 때는 말의 고저가 있고 완급이 있어야 청자들의 관심과 호감을 이끌어 낼 수 있다.

호흡을 늘리는 방법으로는 먼저 코로 '들숨'을, 입으로 '날숨'을 후하며 내쉰다. 이때 중요한 것은 들이마시는 숨보다 내뱉는 호흡을 더 길게 20초 이상 유지하도록 한다.

사람들이 많이 오해하는 것 중 하나가 좋은 목소리는 타고난다고 생각하는데, 물론 어느 정도 타고나는 것도 있겠지만 꾸준한 훈련을 통해 후천적으로 좋아지는 것이다.

순수한 목소리의 기본 톤은 변하지 않지만 충분한 훈련으로 몸속의 공간을 활용해서 소리를 만들어야 울림의 소리로 안정되고 듣기 좋은 소리로 만들어질 확률이 더 많아지게 된다. 바로 고수와 하수의 차이는 큰 것에 있는 것이 아니라, 아주 디테일한 것에 있다.

② 발음법

발음이 정확해야 좋은 목소리로 평가되는데 발음은 말의 소릿값을 의미한다. 정확한 발음을 위해서는 목소리의 길이를 조절해야 한다. 목소리의 길이는 한 음절을 얼마의 시간 동안 끌어내며 발음하느냐는 것이다. 같은 단어라도 소리가 길고 짧음에 따라 전혀 다른 뜻의 낱말이 되기도 하기 때문이다. 발음을 정확히 하려면 입으로 모음을 정확하게 소리를 내주면 도움이 된다.

우리가 이야기를 할 때 특히 발음은 입을 조금 더 크게 부지런히 움직이면 큰 차이가 있다. 하지만 대다수의 사람들은 방법을 모르거나 혹은 귀찮다는 이유로 발음을 중요하다고 생각하지 않는 경우가 허다하다. 결국 입을 부지런히 움직이는 사소함 하나로 상대방은 나의 목소리의 호감도를 결정하기도 한다.

다음으로 신뢰감과 친화력을 높이는 목소리 연출법으로는 먼저 어미를 길게 끌지 않고 말의 끝을 올리지 않고 낮추는 방법이 있다. 간결하게 명확하게 끝내는 말투로 표현하는 게 좋다.

그럼 좋은 목소리와 발음을 위해 다음에 제시하는 문장들을 볼펜을 물고 연습해 보자.

발음 · 발성연습(가로로 연습 후 세로로도 연습한다.)

→ 가로 / ↓ 세로

가 나 다 라 마 바 사 아 자 차 카 타 파 하
갸 냐 댜 랴 먀 뱌 샤 야 쟈 챠 캬 탸 퍄 햐
거 너 더 러 머 버 서 어 저 처 커 터 퍼 허
겨 녀 뎌 려 며 벼 셔 여 져 쳐 켜 텨 펴 혀
고 노 도 로 모 보 소 오 조 초 코 토 포 호
교 뇨 됴 료 묘 뵤 쇼 요 죠 쵸 쿄 툐 표 효
구 누 두 루 무 부 수 우 주 추 쿠 투 푸 후
규 뉴 듀 류 뮤 뷰 슈 유 쥬 츄 큐 튜 퓨 휴
그 느 드 르 므 브 스 으 즈 츠 크 트 프 흐
기 니 디 리 미 비 시 이 지 치 키 티 피 히

Note

③ **리듬감과 강조**

말에도 노래를 부르는 리듬감이 필요하다. 리듬을 위해서는 어떤 단어를 잘 들리게 할 것인지 강조할 부분을 체크하고 높임, 낮춤 등 글자 하나하나에 세심하게 연습되어야 한다. 높임 강조법은 말하고자 하는 중요한 단어에 음을 높여 발음하고, 낮춤 강조는 반대로 강조할 부분에 차분하게 낮은 음성으로 표현해야 하며, 천천히 강조하는 포즈는 모음을 하나 더 넣었다는 생각으로 길게 늘려서 발음하도록 한다. 기억해야 할 점은 목소리의 강조와 쉬기는 내용에 맞추어야 한다는 것이다. 강조하고자 하는 단어와 구에만 강세를 주도록 한다.

예 아버지가 **방**에 들어가신다.

④ **포즈(Pause)와 목소리 톤**

포즈란 멈춤이 아니라 중요한 단어 앞에 일시정지를 말한다. 목소리 톤의 높고 낮음에 따라 다른 대화의 방향성이 결정되기도 한다. 대화를 하며 적당한 톤과 부드러운 목소리가 좋은 목소리로 인식되며, 너무 높지도 지나치게 낮지 않는 목소리 톤은 파와 솔의 중간 정도의 높이로 약간 힘을 주는 정도이다. 스스로 본인에게 맞는 목소리 톤을 훈련을 통해 찾도록 한다.

지나치게 목소리 톤이 높으면 듣는 청자가 긴장하고 피곤해질 수 있고, 반대로 톤이 너무 낮으면 신중한 느낌은 들 수 있으나 내용의 큰 영향력을 발휘하지 못할 수 있다.

그러므로 이 모든 것들을 종합해서 목소리로 구성되고 스피치로 연결되기 때문에 말을 할 때 포즈나 톤, 말투는 단지 목소리의 수단만이 아니라 그 사람의 스피치를 하는 전체 이미지로 결정되고 커뮤니케이션 하는 수단으로 인식해야 한다.

자신의 목소리 중 개선하고 싶은 부분을 작성해 보시오.

-
-
-
-

Note

좋은 목소리 관리법

- 하루 물을 7~8잔 마시며, 되도록 미지근하게 마시도록 한다.
- 지나치게 자극적인 음식, 담배, 술 등을 피하도록 한다.
- 호흡법과 발성법을 매일 10분씩 꾸준히 연습한다.
- 사용하지 않은 입안의 근육을 풀어준다.
- 좋은 컨디션을 위해 매일 아침, 저녁으로 소금(천일염)으로 가글링을 한다.
- 하루 5분 신문사설이나 좋아하는 책을 소리내어 읽는다.
- 황사나 외부 좋지 않는 환경에 노출되었을 때는 깨끗하게 샤워 후 스팀타월을 이용해서 코와 입에 활용해주는 것이 좋다.

3. 프레젠테이션 전달 능력

1) 전달의 중요성

(1) 전달을 위한 요소

누군가를 설득해야 하는 상황이 제일 어려운 것이다. 프레젠테이션은 청중의 마음이나 가치관을 바꾸도록 발표자의 의도를 받아들이게 하는 것이며, 결정하지 못하고 방황하는 청중의 마음을 결정하게 하는 것이다.

프레젠테이션 시작 후 첫 5분 안에 청중들을 붙잡아야 한다. 가장 좋은 방법은 시작할 때에 청중들이 발표자의 발표내용을 왜 들어야 하는지에 대한 이유를 밝혀서 귀를 쫑긋하게 만들어야 한다.

프레젠테이션의 목표는 청중들의 마음을 변화시키기 위하는 것으로, 즉 발표자의 사고, 의견, 아이디어, 정보 등을 청중에게 전달하여 이해시키고, 최종적으로는 발표자가 의도한 방향으로 청중의 마음을 바꾸려는 활동인 것이다. 그러나 청중의 반응이 없거나 만족한 결과를 얻을 수 없는 이유는 분명히 있을 것이다.

따라서 청중에게 정보를 효율적으로 전달하기 위해서는 특별한 능력이 필요하며, 정보를 효율적으로 전달하기 위해 도식 및 이미지를 많이 활용하여 요약형태로 마무리해야 한다. 제공하는 정보가 지나치게 많으면 이해도 잘 되지 않을 뿐더러 주위가 산만

Note

해지기 쉬우며, 제공하고자 하는 정보 그 자체가 여간 자극적이지 않는 한 청중은 끝날 때까지 쏟아지는 졸음과 씨름하게 된다. 그래서 발표자는 주위를 환기시킬 만한 도식 및 이미지를 통한 흥미와 재미가 가미되도록 탁월한 정보 변환능력이 무엇보다 필요하며, 청중의 집중을 유도할 수 있는 전달능력이 필요한 것이다.

실패한 프레젠테이션의 원인 중 하나는 무미건조하고 자신 없는 목소리라고 한다. 좋은 목소리를 연출하기 위해서 늘 태도를 점검하고 자신 있고 당당한 신뢰감어조를 활용하는 것이다. 말하는 사람에게 청중이 기대하는 건 적극적인 태도와 부드러우면서 간결하고 명확한 스피치이다. 그러한 목소리 연출은 호흡에서부터 시작하여 강세, 억양, 포즈, 자신감, 태도가 어우러져 하나의 좋은 목소리 연출이 된다.

개선하고 싶은 나의 목소리 진단(3가지 작성)

-
-
-

좋은 목소리 연출을 위해서 목소리는 작은 목소리보다는 큰 목소리가 좋고, 톤은 조금 높여서, 속도는 빠르거나 느리게 상황에 따라 조절할 수 있는 것이 좋다.

그러면 상대방에게 신뢰감과 친근감을 유발하는 목소리 연출을 위해서는 문장의 어미를 길게 끌어내지 않고 간결하게 표현하면서, 임팩트 있게 단호하게 어미를 끝내주면 훨씬 신뢰감을 부여할 수 있다. 또 어미를 높이지 말고 중저음으로 낮추는 방법이 있다. 이 방법을 사용하면 상대방에게 부드러운 느낌을 줄 수 있다. 우리가 대화를 하면서 많은 감정을 담고 말하는 상황이 생긴다. 말속에 담긴 느낌과 전하고자하는 감정을 목소리에 담아 때와 장소, 목적에 따라 전달하는 것이 좋은 목소리를 연출하는 방법이 된다. 1분간 너무 많은 말을 급하게 하는 것과 너무 천천히 다소 적게 말해도 청중에게 고통을 줄 수 있다. 또 발음 속도가 너무 변하지 않아도 청중을 졸리게 한다. 완급조절은 발표자가 다른 주제, 혹은 같은 주제 안에서 다른 이야기로 넘어갈 때의 시간을 뜻한다.

가장 효과적인 완급조절 속도로는 발표자와 청중의 흥미와 지식수준에 따라 다르지만, 청중이 잘 알고 있는 내용이거나 수준이 낮아 누구라도 이해할 수 있는 쉬운 내용이라면 약 1초 정도 멈추는 것이 적당하고, 익숙한 내용이거나 보통 수준의 이해를 구하는 내용에 대해서는 약 2초, 새로운 내용이거나 이해의 난이도가 약간 필요한 경우에 대해서는 약 3초 정도 속도를 조절할 필요가 있다.

만약 아주 새로운 내용이거나 고난이도의 이해력이 필요한 경우에는 청중들로 하여금 충분히 생각할 수 있는 여유를 주기 위하여 약 4초 정도의 여유를 주는 것이 바람직하다. 발음은 음악적 요소와 언어적 요소로 나뉘는데, 음악적 요소는 리듬과 박자, 멜로디, 화음인 화술의 음악성을 나타내며, 언어적 요소는 언어적인 규칙을 나타낸다.

명확한 발음을 위해서는 위의 두 가지 요소를 생각하면서 충분한 속도로 자연스럽게 말할 수 있도록 하고, 입을 충분히 크게 벌리고 또박또박 분명하게 발음해야 한다.

'지피지기면 백전불퇴라'는 사자성어는 '적을 알고 나를 알면 싸움에서 이긴다는 뜻'으로, 그만큼 프레젠테이션은 상대방을 설득하여 납득시키는 일이기 때문에 그 목적을 달성하려면 반드시 사전에 상대를 잘 파악해야 한다는 말이다.

사람 속은 아무도 모르며, 상대방을 파악한다는 것은 쉽지 않다. 그러기 위해서는 프레젠테이션을 하기 전에 다음 네 가지를 생각해봐야 한다.

청중은 누구인지, 청중은 무엇을 원하고 듣고 싶어하는 것인지, 청중에게 어떤 가치나 이익을 줄 것인지, 청중들로부터 얻을 수 있는 것은 무엇인지 이 네 가지 질문에 답을 한 후 프레젠테이션을 해야 한다. 또 성별에 따른 청중분석도 필요하며 연령층에 따른 분석과 사회적 · 경제적 위치에 따른 분석, 지식수준도 달라져야 할 것이다.

성공적인 프레젠테이션을 위해서는 내용적 측면과 행동적 측면의 스킬이 모두 갖추어져야 함을 배울 것이다.

프레젠테이션을 잘 하기 위한 여러 가지 요소

① 무대공포

프레젠테이션을 잘하는 핵심은 무대공포증을 벗어나는 것으로, 강단에서 자유롭게 이동하고 청중과 가벼운 눈 맞춤과 제스처를 활용하는 동작을 익숙해질 때까지 연습하는 것이 필요하다. 익숙하지 않는 장소와 환경으로 발표자에게 심적으로 부담이 오면 떨림과 불편함이 고스란히 청중하게 전달되어 공포심으로 넘어가기 때문이다.

Note

② 제스처

손동작은 말을 시작함과 동시에 하시는 것이 좋다. 연단에서 손짓을 하며 손등을 보이기보다 손바닥이 보일 수 있도록 하며 발표상황에 따라 다르지만 몸 안에서 보이는 작은 제스처보다는 큰 제스처를 활용하는 것이 더 효과적이다. 손동작은 가슴 위로 들어서 하는 것이 좋고 손을 내리거나 뒷짐을 지지 않아야 한다.

의사전달에서 입으로만 말하는 오랄 프레젠테이션(Oral Presentation)을 제외한 신체의 각 부위, 즉 손이나 시선, 얼굴 표정, 몸의 움직임 등에 의한 의사표현을 보디랭귀지를 잘 활용해야 한다.

다음 자세(Posture)로는 차렷 자세보다는 편안한 자세로 잠깐씩 적당한 보폭으로 청중과 시선교환을 하며 천천히 이동할 수 있는 자세를 갖추도록 한다. 주의할 점은 서 있으며 다리를 떨거나 한쪽 발을 건들건들 움직이는 것을 주의해야 하며, 주머니에 손을 넣거나 뒷짐을 진 자세로 청중에게 압박감을 유발하지 않아야 한다.

③ 시선

시선을 어디에 둘지 몰라서 앞에만 무조건 보는 경우들이 보이기도 하는데, 시선은 청중을 주시하면서 지그재그로 고루 청중을 돌아가면서, 한 문장 정도를 말하는 정도의 시간에 한 사람씩 대화를 하는 분위기로 처리하면 좋다. 상대방과 대화하는 분위기로, 지그재그로 돌아가면서 고루 청중을 보며 자연스럽게 움직이다가 갑자기 움직임을 멈추거나, 눈에 힘을 준다거나, 강조하기 전에 침묵한다거나, 제스처를 크게 하도록 한다.

④ 자신감

모두 어떤 내용을 강조할 때 활용될 수 있는 방법이 되기도 한다. 온몸으로 열연 하는듯한 의사표현이나 제스처가 바로 수많은 시청자들의 눈을 붙들게 한다는 점이다. 보디랭귀지를 위한 효과를 위해서는 연단 뒤에 숨어 있지 말고 청중에게 적극적으로 다가가는 것이 좋다. 연단을 "방패"로 삼지 말고 과감히 청중에게 다가가면 청중에게 좋은 인상을 심어줄 수 있어야 하며 온몸을 이용하여 전달한다.

⑤ 시각자료

비주얼을 이용한 프레젠테이션 시 한 장의 PPT에 텍스트를 많이 담는 것보다는 이미지를 단순하게 활용하여 최소한 50 : 50의 법칙은 지키는 것이 좋다. 즉, 비주얼 자료와 보디랭귀지 자료를 적절히 균형 있게 활용하도록 하는 것이 효과적이다.

⑥ 연단 활용

보이지 않는다고 생각해서 연단 앞에 서서 프리젠테이션을 하며 신경쓰지 않는 프레젠터가 의외로 많다. 연단을 사용할 때, 테이블을 사용할 때, 아무것도 사용하지 않을 때 그때그때 다르기 때문에 상황에 따라 연출해야 한다. 연단 위에는 가볍게 올리고 원고나 노트카드는 몸에서 가장 멀리 놓는다. 여기서 주의할 점은 팔꿈치를 대지 않도록 한다.

연단에 서 있을 때는 가벼운 차렷 자세가 정 위치이며 방향을 바꾸어 움직일 때는 반드시 몸의 방향을 청중쪽으로 돌리고 이동해야 하며, 청중쪽으로 이동한 뒤 다시 무대쪽으로 돌아오는 경우, 청중에게 등을 돌리지 않도록 하며 스크린을 가리지 않도록 천천히 옆으로 걸으면서 이야기한다.

Note

⑦ 화제 준비

청중을 즐겁게 하기 위해서는 유머 넘치는 이야기나 깜짝 놀랄 만한 화제가 준비되어야 하며 모두가 즐거워하는 좋은 소식을 말하는 것도 좋고, 사람들이 잘 모르는 에피소드도 좋다. 그러나 다양한 수준의 대중이 모인 장소에서는 일반인도 이해하기 힘든 문자를 쓴다든가, 또는 어려운 영어의 머리글만 딴 이니셜을 사용함으로 인해, 오히려 청중들로부터 반감을 사는 경우가 있다.

전문용어를 많이 사용하면 해석이 어려울 수 있고, 또 조는 사람이 많아지며, 발표자가 잘난 척한다고 생각할 수도 있기 때문에 유의가 필요하다. 마지막으로 프레젠테이션을 마무리할 때 이런 점들을 주의가 필요하다.

첫째, 새로운 주제를 말하지 않아야 하고 새로운 주제는 다른 프레젠테이션을 길어지게 만들기 때문이다.

둘째, 끝내기 전에 브리핑 자료들을 정리하지 말아야 한다.

셋째, 장황하게 말을 늘어놓지 말고 짧게 끝내야 한다.

마지막으로 부정적인 어조를 사용하지 않고 긍정적인 어조를 사용해야 한다.

✔ 호감을 주는 요소들을 고려하여 나만의 노하우를 작성하여 보자.

- 시선

- 제스처

- 음성

- 태도(자세)

상황에 맞는 표정과 부드러운 시선, 자연스런 제스처, 자신감은 호감을 줄 수 있는 요소가 된다. 프레젠터는 연단에서 청중을 집중시켜야 하기 때문에 밝고 적극적인 호감의 음성과 적당한 말의 크기와 속도, 변화 있는 음의 장단 등 호감을 표현할 수 있는 척도가 되는 요소를 잘 훈련되어야 한다. 호감 어린 따뜻한 표정으로 응시하며 상대방과 따뜻한 시선을 맞춰야 한다.

또 공감 어린 몸동작으로 손짓, 고갯짓을 통해 청중을 향해 친근한 신체접촉을 시도하며 친밀한 공간을 확보하여 호감을 유도하도록 한다.

Note

(2) 설득력 높이는 프레젠테이션 전략

① 청중분석

많은 청중의 공감을 얻기 위해서는 프레젠테이션의 목적을 정하고 청자를 분석하여 내용과 표현을 대상자에 맞게 준비하여야 한다. 아무리 좋은 내용도 청중과 맞지 않거나 상황이 고려되지 못한다면 공감과 설득을 얻을 수 없기 때문이다. 청중이 무엇을 듣고 싶어 한지를 먼저 고려하며 그 외 청중의 나이, 지식수준, 동기, 환경, 등을 고려하는 것이 중요하다.

② 주제분석

프레젠테이션을 하기 전에 주제를 분석하고 문제제기, 전반적인 내용의 연결성, 문제원인에서 해결책까지 제시되어야 한다. 프레젠테이션은 무엇을 설명하고 전달하느냐보다 어떻게 전달되느냐가 더 중요하기 때문에 언어적 표현보다 비주얼에 설득력이 더 신뢰감을 갖게 한다. 시선처리, 자세, 동작, 제스처가 산만하지 않도록 안정감과 신뢰감을 유지하도록 신경써야 한다.

③ 시간분배

반드시 체크해야 할 사항이 바로 시간분배로, 프레젠테이션에서 주의사항을 서론, 본론, 결론에 따르며, 전체 내용의 10% 정도를 차지하는 서론은 가벼운 인사와 주제와 관련된 관심을 이끌어낼 수 있는 신문기사 내용 등을 화두로 던지는 것이 좋다. 자칫 경직될 수 있는 무거운 분위기를 부드럽게 이끌어 내고자 한다. 결론은 마무리하고 해서 갑자기 끝내는 것이 아니라, 전체 내용의 15%를 배분하여 다시 한 번 전체 내용을 요약하며 중요한 부분을 기억시키고 마지막 프리젠터의 목적을 위해 강조와 설득을 적절하게 배치하도록 하며, 마지막 Ending에서 기억에 남도록 명언이나 인상적인 어구를 사용하여 강렬한 이미지를 남기도록 한다.

Note

자신(Presenter)이 경험한 발표 시 힘들었던 원인과 대안에 대해 작성해 보자.

무대공포	원인과 해결

프레젠테이션 법칙

- 연단에 선다는 것 자체가 모든 프레젠터에게 두려움이 드는 것은 당연하다. 그것을 이용해서 더 많은 준비를 하도록 한다.
- 기억에 오래 남는 핵심 어구를 제시한다. 프랭클린 루즈벨트 대통령이나 스티븐잡스처럼 자신만의 프레젠테이션을 준비한다.
- 시작은 역동적으로 하라. 따분하고 진부한 시작은 청중의 마음을 집중시키지 못한다.
- 프레젠테이션 도구를 활용하라. 시각적인 자료로 파워포인트를 활용하여 시선을 끌고 마음을 끌 수 있도록 간단한 자료를 시각화하도록 한다.
- 서론은 간단인사와 주제와 관련된 내용을 언급하면서 관심을 유도하며 시작한다.
- 본론은 전체 내용의 80%를 배분하며 핵심 명제 전개로 사례를 제시하여 검증된 데이터를 활용하여 설득을 높이도록 한다.
- 마무리는 역시 강렬함으로 끝내도록 한다. 듣고 있는 청중이 프레젠터와 더 많은 이야기를 듣고 싶어 하게 마무리를 끌어가도록 한다.
- 정치, 종교 등 논쟁을 일으킬 수 있는 민감한 화제는 언급하지 않는다. 자칫 큰 갈등으로 변질될 수 있기 때문이다.
- 끊임없이 연습하라. 뛰어난 프레젠터는 리허설부터 끊임없이 연습하고 연습한다. 완벽한 프레젠테이션에는 화제의 핵심을 정리하여 많은 시간과 노력이 있었다는 것을 알아야 한다.

Eye Contact의 유의할 점

- 한 사람만 집중적으로 바라보지 않는다.
- 바라보고 5초간 유지한다.
- 청중을 바라보지 않고 벽에 있는 시계를 응시하거나 한 곳만 유독 바라보지 않는다.
- 멍하니 창밖을 응시하지 않는다.
- 시야를 가리지 않는다.
- 격식 없는 옷차림을 피한다.
- 정신없는 제스처와 말버릇에 대해 주의한다.
- 레이저 포인트를 빙빙 돌리거나 지시봉을 접었다 폈다 하지 않는다.
- 사전준비를 철저히 하라.
- 프레젠테이션 순서는 Look-Smile-Talk / Show-See-Speak

Note

프레젠테이션 할 때 주의를 집중시키는 방법들

시선	제스처	자신감	시각적 자료	슬라이드 전환
말의 속도			청중호흡	유머활용
말의 멈춤			애니메이션	레이저포인트
표정			판서	말의 멈춤
주의환기			동영상	자리이동

MEMO

REAL IMAGE CASTING

06

글로벌 마인드와 이문화 이해

제6장 글로벌 마인드와 이문화 이해

Note

1. 다문화 간 에티켓 고려요인(Global Mindset)

비즈니스에서 첫 만남의 호감은 깔끔한 복장과 인상, 그리고 예의바른 모습에서 결정된다. 에티켓과 매너가 함께하는 예의를 갖추게 되면 일반관계와 비즈니스에서 우호적인 소통이 이루어지게 된다. 상대에게 불쾌감을 주지 않고 무례하지 않음을 의미하는 에티켓은 고대 프랑스어의 동사 'Estiquer'(붙이다)에서 유래한 말이다. '나무 말뚝에 붙인 표지'의 뜻에서 표찰(標札)이 되고 상대방의 신분에 따라 달라지는 편지형식이라는 말에서 각종 예법을 가리키는 말로 변하였다. 현대사회의 공동체 조직에서 생활하는 우리에게는 기본적으로 갖추어야 할 요소로 에티켓과 매너가 중요하게 여겨진다. 비즈니스에서 인간관계 형성에 기여하는 상대에게 갖추어야 할 예절의 에티켓을 잘 갖춘다면 국제적 비즈니스 활동에서도 도움이 될 수 있다. 합리적인 에티켓이 어떤 것인지 각 나라의 문화와 관습에 따라 살펴보기로 한다.

- 에티켓 - 에티켓이란 사회생활 또는 대인관계에 있어서 지켜야 할 예의범절을 포괄적으로 지칭하는 용어이다. 에티켓은 사람들 사이의 합리적인 행동 기준을 가리킬 때 사용되며 이러한 에티켓을 바탕으로 행동으로 나타나는 것을 매너라 한다.
- 매너 - 매너는 사람마다 가지고 있는 독특한 습관이나 몸가짐 행동의 표현이다. 제 3자의 희망사항이며 기본 개념은 상대방을 존중해주는 데 있으며, 상대방에게 불편이나 폐를 끼치지 않고 편하게 하는 것을 뜻한다. 즉 에티켓을 지키고 실행하는 방식이며, 다시 만나고 싶고, 신뢰가 가며, 도와주고 싶고, 관심이 지속되며, 닮고싶은 사람을 '좋은 매너'의 사람으로 표현한다. 세계 유수 CEO 대상 설문조사 결과 '성공에 가장 큰 영향을 준 요인'으로 93%가 '대인관계에서의 매너'(원만한 인간관계 및 다른 사람과의 공감능력: Empathy, Sympthy)를 꼽았다. 미국에서는 최근 10년간 직장을 잃은 사람들의 해고 사유의 95%가 '인간관계 능력부족', 즉 학위자격증이나 업무수행능력보다 원활한 커뮤니케이션이 우선으로, 매너는 평판

Note

으로 평가받는다는 인식이 강하다. 매너는 일상 생활의 방식이고 훈련으로 형성된 습관이며 매너는 자신에 대한 사랑과 자기존중으로 표현된다. 남의 권리와 기분을 배려하는 것, 남에게 불쾌한 일을 하지 않고, 내 몫 이상을 탐하지 않는 에티켓을 통하여 글로벌 표현을 살펴보기로 한다. 외국인과의 비즈니스에서 성공을 이루기위해서는 서로의 문화에 친숙해져야 한다. 다른 문화에 대하여 심층적인 연구를 통해 성공적인 비즈니스를 이루도록 한다

1) 미국

- 국가(지역)명 : 미합중국(The United State of America)
- 수 도 : 워싱턴(Washington, D.C)
- 면 적 : 983만㎢(한반도의 45배)

① 교통 (택시)

미국에서 택시를 탈 때는 운전자 옆자리에 앉지 않도록 주의해야 한다. 택시 앞좌석(보조석 포함)은 운전자만의 공간이다, 또한 택시기사들 중 간혹 특별한 요구가 없으면 "땡큐"라고 하고 거스름돈을 내주지 않는 경우가 있다. 그러므로 요금에 팁을 더한 금액이 얼마인지 정확하게 계산하는 것이 중요하다

② 선물

미국인들은 친구에게 선물을 받았다면 그 자리에서 뜯어보고 감사의 마음을 전하는 것을 예의로 생각한다. 선물 중 백합은 죽음을 의미하므로 미국인에게 선물하는 것을 절대 금한다.

Note

③ **식사와 팁 계산**

미국에서는 식사 이후 테이블에 있는 영수증에 직접 고객이 얼마의 팁을 제공할 것인지 작성하도록 되어 있다. 식사 금액과 함께 얼마의 팁을 제공할 것인지 정확하게 계산 후 기재한다.

④ **동성매너**

미국에서 동성끼리 손을 잡거나 어깨동무, 또는 허리를 감싸는 행동은 자제한다. 게이나 레즈비언으로 오해받기 쉽다.

⑤ **차(Tea) 문화**

미국인들은 오전에 출근 시 커피를 즐기기도 하지만 탄산음료인 콜라를 식전부터 마시는 경우도 있다. 차를 권할 때 상대에게 반드시 의사를 묻고 종류를 선택하게 하는 것이 바람직하다.

⑥ **시간관리**

미국인들은 가장 짧은 시간에 최대의 이익을 얻는 방식을 선호한다. 개인적 성취를 강조하고 현재와 결과 지향적이다. 일상생활에서 스케줄, 즉 약속, 사전준비 등이 중요한 의미를 가진다. 상대방이 회의에 늦거나 회신이나 조치가 늦으면 미국인들은 상대방이 자신과의 비즈니스를 대수롭지 않게 여기거나 부정적으로 생각한다고 이해할 수 있다. 일부는 중요한 일일수록 천천히 신중하게 해야 한다고 믿고 있을 수도 있으나, 대부분 시간약속에 신중하게 행동하기를 바란다.

⑦ **시선**

미국인들은 상대방과의 시선접촉을 통하여 정직, 평등, 성실 등을 표시한다. 따라서 대화 중에 상대방의 시선을 피하면 거짓 또는 불성실한 것으로 오해받을 수 있다.

Note

2) 캐나다

- 국가(지역)명 : 캐나다(Canada)
- 수 도 : 오타와(Ottawa)
- 면 적 : 997만㎢(러시아에 이어 세계 2위, 한반도의 약 45배)

① 냅킨

캐나다에서는 냅킨 대신 서비에트(Serviette)란 단어를 쓴다. 냅킨은 기저귀를 의미하므로 레스토랑이나 기타 사용 시 주의해야 한다.

② 미국과의 비교는 NO!

캐나다인은 국가에 대한 자부심이 강하다. 미국과의 국제관계 등의 비교에 관하여 매우 민감하니 삼가하는 것이 바람직하다.

③ 선물

캐나다인에게 선물은 누구에게나 행복한 전달이 된다. 바로 뜯어보고 즐거움을 표현하는 것이 예의가 되며 백합 선물은 죽음을 의미하므로 절대 전하지 않는다.

④ 인디언 대신 Natives!

캐나다 인디언들에게 '인디언'이라고 부르는 것은 인종차별적 발언으로 간주될 수 있다고 하니 주의해야 한다. 보통 'First nation people' 혹은 'Natives'라고 한다.

⑤ 시간관리

캐나다에서도 시간관리는 '시간에 얽매인 사회'라고 할 정도로 중요시한다.

Note

3) 영국

- 국가(지역)명 : 영국
  (The United Kingdom of Great Britain and Northern Ireland)
- 수 도 : 런던(London, 817만 명)
- 면 적 : 약 24.482만㎢(한반도의 1.1배, 프랑스의 절반)

① 교통

영국의 런던에서 지하철 에스컬레이터를 이용할 때 왼편에 서면 무조건 걷거나 뛰어야 한다. 그렇지 않으면 “좀 비켜 주시겠어요.”라는 말을 수도 없이 듣게 된다. 런던의 지하철에서는 반드시 지켜야 하는 규칙이다. 만일 움직이기 싫다면 오른편에 서는 것이 당연하다. 영국인들은 복잡한 교통 안에서 느긋하게 기다릴 줄 알고 교통법규를 지키고 준수한다. 영국의 교통은 보행자를 위한 신호등이 없어도 차가 오지 않으면 언제든지 길을 건너도 무방하다. 자전거나 오토바이 종류의 이륜차는 인도를 절대 올라와서는 안 되며, 일반차량으로 운행 시 차선변경할 경우 뒷 차에게 손을 흔들어 미안함과 고마움을 표현하는 것은 당연하다.

② 반려동물

영국인들은 반려동물을 끔찍할 정도로 생각하므로 함부로 다루거나 위협적인 행동, 가혹행위는 절대 삼가한다. 길에서 타인의 반려동물을 묻지 않고 만지는 행위도 금한다.

③ 미신

길을 걷다가 자신의 앞으로 지나가는 검은 고양이를 보면 행운의 상징이라고 생각한다. 또한 사다리 밑으로 지나가거나 방안에서 우산을 피면 불길하다고 믿는다.

④ 시간관리

영국에서 시간관리는 ‘시간은 돈’이라는 귀중한 자원으로 인식된다. 엄격한 시간관리와 약속이행이 중요하다.

Note

⑤ **식사**

영국에서 식사 시 절대 소리를 내지 않는다. 어려운 매너이지만 훈련에 의해 갖출 수 있다. 우선 음식을 입에 넣고 입술을 떼지 않고 먹을 경우 절대 소리가 나지 않는다. 면에 의한 습관으로 한국인들이 소리를 낼 수 있는데 영국인과의 식사에서는 주의해야 한다. 트림이나 재채기도 용서할 수 없는 행위가 된다. 영국인과의 비즈니스에서는 조심할 수 있도록 노력해야 한다. 레스토랑이나 가정식사에서 음식이 늦게 나온다고 불평이나 재촉은 금물이다. 영국인에게는 느긋하게 기다릴 줄 아는 여유가 항상 익숙하다.

⑥ **기타 예절**

영국에서 가장 지저분한 행위로는 길에 침을 뱉는 것이다. 담배를 태우다가고 재털이에 침을 뱉는 것조차 에티켓에 어긋난다고 생각한다. 허나 코를 푸는 일은 예외이다. 식사를 하거나 이야기를 할 때도 코를 푸는 모습을 자주 볼 수 있다. 콧물이 흐르면 상대에게 지저분한 인상을 줄 수 있으므로 아예 푸는 것이 낫다고 생각을 하기 때문이다. 또한 영국에서는 어디를 가나 줄을 서서 차례를 기다리는 한 줄 서기가 익숙한 풍경이다. 영화표, 화장실, 선착장 등 줄을 설 때에는 반드시 한 줄로 서서 기다려야 한다. 허나 맥도날드나 버커킹 등의 외식장소는 예외도 있다.

4) 프랑스

- 국가(지역)명 : 프랑스공화국(La RéepubliqueFrançcaise)
- 수 도 : 파리(Paris)
- 면 적 : 551,695㎢(한반도의 2.5배)

① **인사**

프랑스는 인사를 매우 중요하게 생각한다. “안녕하세요”, “감사합니다.”, “부탁드려요” 등의 인사를 중요시해 프랑스인과의 비즈니스일 경우 상점과 음식점 기타 장소 등에서 인사를 잘 나누어야 한다. 프랑스인들은 미국인들과 달리 포옹은 너무 친밀하

Note

다고 생각하기 때문에 즐겨 하지 않는다. 대신 양뺨을 비비는 비쥬를 볼에 3~4번 정도 하는 인사를 즐긴다. 나이나 성별은 상관없으며 모르는 사람과도 즐긴다. 간혹 프랑스 남성의 경우 비쥬를 좋아하지 않는 경우도 있으므로 남성이 거부한다면 악수로 대체한다. 하루에도 몇 번씩 같은 사람과 악수를 하는 경우를 자주 볼 수 있다. 우리가 자주 하는 미국식 OK 싸인은 프랑스에서는 '가치가 없다.'는 의미로 해석되므로 구분하여 사용한다.

② 교통

걷거나 서있는 경우 오른쪽을 이용하는 것이 좋다. 또한 중앙에 멈추어 서거나 문자를 보내며 걷지 않는다. 그렇지 않을 경우 많은 사람들이 얼굴을 찡그리면서 쳐다보게 되므로 주의한다. 전철 안에서는 음료를 포함한 음식물이 가능하다. 다른 나라에서는 무례한 행동인데 프랑스는 가능하다. 여름에는 전철 내 에어컨 가동이 안 되는 것이 기본이므로 참고한다. 대중교통과 기타 장소에서 너무 크게 웃거나 말하는 것을 삼가한다. 기본적으로 조용한 것을 좋아하는 프랑스인들의 취향을 존중한다. 또한 택시 이용 시 운전자의 옆자리에 탑승을 하지 않는다. 운전자가 허락한다면 가능하지만 추가 요금이 발생한다.

③ 식사

프랑스의 아침식사는 예상 외로 조촐하다. 우리나라에서 즐기던 브런치를 생각한다면 간단한 아침식사가 갸우뚱 고개를 기울일 수도 있다. 또한 프랑스의 전체적인 식사 시간은 꽤 여유롭다. 적은 양의 요리가 여러 차례 나오게 되므로 천천히 음식을 즐기며 이야기를 나누며 비즈니스를 하는 것이 바람직하다. 종업원을 호출할 때는 부르거나 손을 들어 제스처를 취하면 무례한 행동이 된다. 눈이 마주칠 때 고개를 끄덕하는 것으로 대체한다. 프랑스에서는 자연스럽게 식사 중 와인이 자주 등장한다. 이 때 본인의 잔이 다 비워졌다고 해서 직접 따라 마시는 것은 무례한 행동이 된다. 웨이터가 잔을 채워줄 때까지 기다리거나 여성은 남성이 잔을 채워줄 때까지 기다리면 된다. 만일 그만 마시고 싶을 경우 반 정도 남은 와인잔을 그대로 놔두면 된다. 레스토랑 방문 시 원하는 자리를 앉기란 우리나라 이야기다. 대부분 종업원의 안내가 이루어지는데 지정

해주는 곳에 앉아야 한다. 특별한 친절을 기대하면 안 된다. 대부분의 유럽에서는 손님이 왕이 아니다. 필요에 의해서 방문한 것으로 상점이나 종업원은 이해하고 있기 때문에 종업원은 '필요한 사람이 사가는 것'에 대한 특별한 친절을 베풀 이유는 없다고 생각한다.

④ 시간관리

남부 프랑스는 '시간에 얽매이지 않는 사회'라고 할 수 있다. 시간에 얽매이지 않는 사회에서의 시간은 저절로 공급되고 무궁무진하며 끊임없이 순환되면서 흘러가는 삶의 과정일 뿐이므로 그 자체에 경제적인 가치는 부여되지 않는다. 시간보다는 인간관계가 우위를 차지하기 때문에, 약속이나 정해진 일정의 경우 남부 프랑스에서는 그 자체에 큰 의미를 부여하지 않는다.

⑤ 차(Tea) 문화

프랑스에서는 와인만큼 차를 중요시한다. 미식가인 프랑스인들은 차와 음식의 조화를 중요시하며 차의 색깔도 중요시한다. 아무 음식에나 차를 마시는 것이 아니라 음식의 맛을 강조해 줄 수 있는 차를 선택하는 것을 원칙으로 한다. 아침식사에는 운남의 보이차나 인도의 다즐링차, 생선요리 위주인 식사에는 녹차나 청차, 아니면 얼그레이(Earl Grey teas), 닭고기 요리와는 인도의 다즐링, 매운 요리에는 기문 홍차(祁門, keemun)와 자스민, 식후에는 기문 홍차, 다즐링, 녹차와 청차, 티타임(Tea time, 차 시간)에는 모든 차가 적합한데, 특별히 화차(花茶)를 추천한다.

5) 이탈리아

- 국가(지역)명 : 이탈리아(Italy)
- 수 도 : 로마(Rome)
- 면 적 : 301,340만㎢(세계 72위))

Note

① 인사

이탈리아에서는 연령과 관계없이 친구라는 호칭이 와닿는다. 나이에 따라 인사방법이 달라지거나 존중의 표시를 따로 하기보다 일반적인 인사를 함께 나눈다. 또한 동등한 지위의 남성끼리 포옹을 나눈다거나 팔장을 끼거나 손을 잡고 가는 일이 자연스럽게 이어진다. 이탈리아 사람들은 손의 제스처를 많이 사용하므로 산만해 보일 수 있으나 감성표현이 풍부하고 확실하다. 또한 하루에도 몇 번씩 같은 사람과 반갑게 포옹과 악수를 나눈다. 악수시 다른 나라보다 과도하게 흔드는 경향이 있으니 참고한다. 제스처에서 자신의 귀를 만지는 것은 상대방을 모욕하는 의미가 있고, 손가락을 턱에 가져다 대면 '귀찮다'라는 의미를 전달하게 되므로 주의한다.

② 대화

이탈리아 사람들에게는 대화는 상대방과 함께하는 즐거움을 주고, 상대방에 대한 관심을 표시하며, 상대방과의 관계를 확인하는 수단이다. 따라서 상대방에게 관심을 보이기 위해서 이야기 도중에 끼어들거나 두 사람이 동시에 서로 이야기를 하는 것이 예사이다. 이탈리아인에게 말이 많은 것은 우정의 표현으로 받아들여지며, 침묵은 흥미가 없거나 좋지 않은 문제가 발생할 조짐으로 인식될 수 있다. 우리나라에서 식사 중에 음식을 먹으면서 이야기하는 것을 에티켓에서 벗어난다고 본다면, 이탈리아에서의 식사는 여유롭게 두 시간 정도를 쉴 새 없이 이야기로 채워야 자연스러운 일이다.

③ 방문

이탈리아에서 집으로 초대를 받았다면 우리나라와 마찬가지로 장미 한 송이라도 챙겨가는 것이 예의이다. 대부분의 이탈리아 사람들은 초대받았을 시 디저트를 챙겨간다.

④ 식사

이탈리아에서의 식사는 주문 시 물을 함께 주문하여 비용을 지불하는 것을 기본으로 한다. 음료나 차로 대신할 것인지 참고한다. 테이블에 있는 소금이나 후추 등의 양념을 다른 사람에게 거쳐 받으면 안 좋다는 미신이 있다. 이탈리아인과의 비즈니스에서 식사 시 주의하기 바란다. 여성의 경우 식사 이후 화장을 고치는 일은 식당 내 화장

Note

실에서 마치고 나오는 것을 예의로 알고, 이쑤시개나 음식물을 치아에서 꺼낼 경우 식당 안에서 마치고 나오는 행위도 주의할 행동이다.

⑤ **쇼핑**

명품의 천국이라 불리는 이탈리아에서는 아이쇼핑을 즐기는 우리가 주의할 내용이 있다. 상점에 한 번 들어가면 반드시 상품을 구매해서 나와야 한다니 기념품 가게에 들어갈 때 주의하기 바란다.

⑥ **차(Tea) 문화**

커피에 대하여 자부심이 강한 나라이다 물을 섞어서 마시는 미국식 아메리카노에 고개를 저을 만큼 커피에 대한 자부심이 강하여, 세계적인 커피 프렌차이즈 스타벅스가 2017년도 12월에 밀라노에 처음 오픈을 할 정도이다. 일반적인 카페에서는 앉는 자리와 서서 마시는 자리에 따라 가격이 다르며, 음악을 듣고 여유를 즐기는 카페 자리는 조금 더 비싸다. 일반적으로 커피를 에스프레소 형태가 기본이라고 생각하며 차가운 커피를 마시고 싶을 때 아이스 아메리카노를 찾으면 갸우뚱 고개를 저으며 모르겠다는 표현을 한다. 비즈니스 시 콜드커피로 통하는 이탈리아의 문화를 참고한다.

6) 베트남

- 국가(지역)명 :
  베트남 사회주의 공화국(Socialist Republic of Viet nam)
- 수 도 : 하노이(Ha Noi, 인구 약 721만 명)
- 면 적 : 330,341㎢(한반도의 1.5배)

① **인사**

베트남의 인사말은 '신짜오(Xin Chàao!)'로, 만날 때나 헤어질 때 아침/점심/저녁을 구분하지 않고 항상 사용할 수 있다. 따라서 아직 베트남어에 익숙하지 않다면 '신짜오'라고 인사하는 것이 가장 무난하다. 하지만 베트남어의 경어법은 상대적으로 복잡

Note

해서 주의를 요한다. 사회적 지위, 연령에 따라 수십 가지의 존칭이 있지만 일반적으로 4~5개의 존칭이 주로 쓰인다. 동성 간에는 악수가 인사로 이루어진다. 왼손을 오른손 손목에 감싸 두 손으로 악수하는 것이 에티켓이다. 이성간에서는 여성이 악수를 청하면 악수인사로 하고 그렇지 않으면 가벼운 목례로 대체한다.

② **식사**

식사 시 반주가 잦은 편이다. 술을 함께 마시게 된다면 건배를 하고 마셔야 하며 술잔은 오른손에 쥐고 왼손으로 받쳐 건배를 한다. 우리나라에서 존경을 뜻하는 건배를 생각하면 된다. 술잔은 상대방이 술을 마실 때마다 조금 비워질 경우라도 채워주면 된다. 잔이 채워져 있는 것이 상대에 대한 에티켓이다. 맥주는 개인 잔과 한병의 맥주를 자신의 옆에 놓고 얼음을 채워 각자 따라 마시는 것이 일반적이다. 베트남에서는 아무리 배가 불러도 안주가 없으면 술을 마시지 않는다. 음식이 비워졌을 시 상대의 의사를 묻는 것에 주의한다. 상대가 거절할 경우 더 마실 의사가 없는것으로 생각하면 된다. 식사 후 과일이나 달콤한 음식이 나오면 식사가 거의 끝나간다는 뜻이다. 식사가 마무리되면 상대에게 감사의 뜻으로 악수와 감사표시를 해야 한다.

③ **선물**

베트남인들은 일반적으로 과시형 소비성향을 보인다. 소득에 비해 고가의 명품 핸드백, 스마트폰 등을 가지고 다니는 경우가 상당히 많다. 선물은 가급적 비싸고 고급스러운 것을 주는 것이 좋다. 또, 외국의 유명 브랜드, 한국 브랜드에 대한 선호도가 매우 높다. 베트남인들이 긍정적으로 생각하는 선물로는 한국산 홍삼, 고급 기초화장품 등이 있다. 선물을 받은 사람이 선물의 정보를 인터넷과 소셜미디어에서 찾아보는 적극성을 지녔으므로, 비용에 구애받지 않는 경우에는 고가의 선물을 하는 것이 비즈니스에 도움이 될 수 있다.

Note

7) 이집트

- 국가(지역)명 : 이집트아랍공화국(The Arab Republic of Egypt)
- 수 도 : 카이로 (Cairo, 약 1,800만 명)
- 면 적 : 100.1만㎢(한반도의 약 5배)

① 인사

처음 만날 경우 일반적으로 악수가 무난하다. 또한 악수 후 오른손을 가슴에 대는 것이 존경의 표현이자 진심으로 반갑다는 표현이 될 수 있다. 신뢰관계가 형성되고 친밀감을 느끼는 경우 볼 키스(서로 양쪽 볼에 살짝 터치하는 정도의 키스)를 하며, 여성들 사이에서 많이 사용되는 인사법이다. 알라신 외에 머리를 숙이지 않는 것이 종교적 관례이기 때문에 한국식의 머리를 숙이는 인사는 가급적 지양할 필요가 있다. 또한 처음 인사 시 '앗쌀라무 알라이쿰(안녕하세요)'이라는 이슬람식 인사를 하게 되면 상대방에게 호감을 얻을 수 있다. 단 이 인사는 이슬람식 인사이기 때문에 콥트(Copt) 교도에게는 사용하지 않도록 유의할 필요가 있다.

② 식사

인구의 90% 이상이 무슬림이므로 돼지고기, 술과 이슬람식으로 도살되지 않은 고기는 먹지 않는 것이 일반적이다. 또한 일부 이집트인의 경우 한국 식당은 술과 돼지고기를 판매하기 때문에 한국식당에서 식사를 하는 것 자체를 거부하는 경우가 있다. 그러므로 술과 돼지고기를 판매하는 식당보다는 양고기 전문점, 해산물 식당이나 호텔 내에 위치한 고급 음식점을 가는 것이 좋다. 양고기 전문점이나 고급 음식점으로 인식되고 있는 생선요리 전문점이 식사하기 무난한 장소로 볼 수 있다. 이집트인은 한식을 좋아하는 편이 아니며, 일부 독실한 무슬림의 경우 술을 판매하는 음식점에 가지 않는 경향이 있으니 한식보다는 이슬람식 고급 음식점이 무난하다. 식사할 때 왼손을 사용하지 않는 것은 기본 에티켓이다. 아울러 여성과 단 둘이 식사를 하는 것을 지양할 필

Note

요가 있다. 대화는 처음에는 가벼운 주제로 시작하여 사업과 관련된 중요한 사안은 시간을 두고 천천히 얘기를 꺼내는 것이 바람직하다.

③ **선물**

이집트인은 선물을 매우 좋아하기 때문에 선물을 통해 상대방의 호감을 사고 상담에 임하면 그만큼 비즈니스가 성사될 확률이 높아진다. 그러나 여성에게만 따로 선물하는 것은 오해의 소지가 있으므로 주의할 필요가 있다. 선물로는 보석류, 시계 등 화려한 것을 좋아하는 경향이 있으나 고가제품의 경우 일부에서는 거부감을 느낄 수 있기 때문에 지양해야한다. 또한 최근에는 한국 전통문양이 새겨진 부채, 열쇠고리, 핸드폰 악세사리 및 보석함 등이 현지인들에게 선물로서 좋은 반응을 얻고 있어 고려해 볼만하며, 현지에서 흔치 않은 디지털 액자 등도 좋은 선물 품목 중 하나이다.

④ **약속**

약속시간을 지키는 것이 미덕으로 여겨지지는 않는다. 이집트인들은 일반적으로 30분에서 1시간 정도 늦으며 약속에 오지 않는 경우도 발생한다. 하지만 약속시간을 지키는 것이 좋으며, 설령 상대방이 약속시간에 늦더라도 이는 이집트 사회에서 일반적인 관행이므로 이해하는 것이 바람직하다. 비즈니스를 목적으로 미팅 약속을 잡을 경우 이메일보다는 전화나 팩스를 통해 지속적으로 연락하여 약속을 지키도록 유도하는 것이 중요하다.

8) 중국

- 국가(지역)명 : 중화인민공화국(People's Republic of China)
- 수 도 : 북경(北京)
- 면 적 : 약 960만㎢(한반도의 약 44배)

Note

① 인사

중국인들은 첫 만남에서 사적인 질문을 하기도 한다. 이는 친밀감의 표시로 이해한다. 호칭은 주로 이름을 빼고 성에 직함을 붙여서 부르면 된다. 연장자에게는 살짝 고개를 끄덕여 인사하며 악수로 보통인사를 한다.

② 식사

중국은 국토가 광대하고 인구가 많아 지역마다 음식습관에 차이가 있다. 날 음식은 거의 없고 익힌 음식이 주를 이룬다. 북방 사람들은 면을 좋아하고 진한 맛을 좋아하며 풍성한 상차림을 좋아한다. 남방 사람들은 입쌀을 좋아하며 연한 맛을 좋아하고 음식을 낭비하는 것을 좋아하지 않는다. 회족은 돼지고기를 절대 먹지 않으며, 후베이(湖北), 저장(浙江) 등의 지역 사람들은 매운 음식을 즐기지 않는다. 중국인들과 함께 식사할 경우 먼저 금기사항이 있느냐고 물어보는 것이 예의이다. '우지우부청시(无酒不成席, 술이 없으면 자리가 만들어지지 않는다.)'라는 말이 있을 정도로 손님 접대, 비즈니스 상담 모임에서는 술이 빠지지 않는다. 술을 마실 때 일반적으로 중국 사람들은 한 사람씩 돌아가며 술을 권하고, 필요한 경우 건배를 위해 자리를 자주 이석하기도 한다. 술잔을 돌리는 관습은 없다.

③ 선물

일반적인 관계에서는 선물로 성의를 담은 과일, 꽃, 특산품 등을 주고 받는다. 비즈니스의 관계에서는 구하기 힘든 문화와 관련된 티켓과 귀한 특산품을 주로 이용한다. 피해야 할 선물이 있다면 손수건, 우산, 꽃, 시계, 등은 죽음을 의미하므로 주의하며, 초면일 경우 지나친 고가의 선물은 뇌물로 오해하므로 피해야 한다.

④ 기타 문화

중국은 실 수요자와 에이전트가 이원화돼 있어 비즈니스 상담은 실 수요자와 직접 접촉하는 것이 효과적이다. 중국 업체들이 요청하는 대리제도는 독점 판매와 비슷한 형식으로서 한 지역에 대해 독점 판매권을 주고 바이어의 능력에 따라 광고비용, 시장

Note

개척 비용 일부를 주는 것이나, 독점 대리를 한 번 주면 파트너를 바꾸기가 쉽지 않으므로 신중히 결정해야 한다.

9) 일본

- 국가(지역)명 : 일본국(Japan)
- 수 도 : 東京(Tokyo)
- 면 적 : 약 37만㎢(한반도의 약 1.7배)

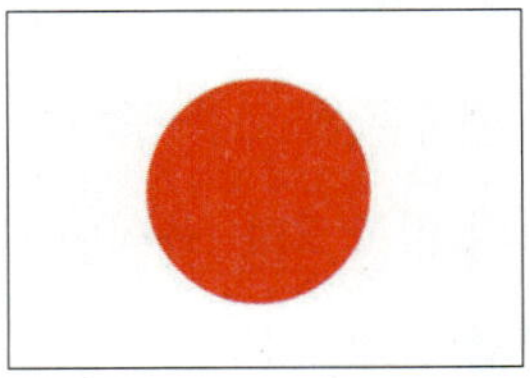

① **인사**

일본에서 가장 중요한 인사는 '오지기'(お辞儀)라는 동작이다. 오지기는 감사나 경의를 표할 때나 사과할 때, 뭔가를 부탁할 때에 상대방에게 허리를 구부려 하는 동작으로 서서 하는 오지기에는 '에샤쿠(會釋)', '경례(敬禮)', '최경례(最敬禮)'의 3가지가 있다.

<그림 6-1> 왼쪽부터 '에샤쿠(會釋)', '경례(敬禮)', '최경례(最敬禮)'

출처: 네이버 지식백과 코트라 국가정보.

'에샤쿠(會釋)'는 동료나 스쳐 지나가는 사람들에 대해 행하는 간편한 오지기이며, 상체를 15도 정도 구부려야 하고, 목만 구부려 하는 '에샤쿠(會釋)'는 매너에 어긋나는 것으로 생각하는 일본인도 존재한다. '경례(敬禮)'는 거래선 등과 면담할 때나 무엇인가를 의뢰할 때 하는 오지기이며, 상체를 30도 정도 구부린다. '최경례(最敬禮)'는 가장 정중한 오지기이며, 크게 상대방에게 경의를 표하거나 사죄의 의사를 전달할 때 상체를 45~60도 정도 구부려 행하게 된다. 남성은 허리를 굽힐 때 팔을 몸 옆에 붙이게 되고, 여성은 양손을 앞으로 가지런히 포갠다. 참고로 일본에서는 아무리 친한 관계라 하더라도 스킨십을 요하는 인사는 행하지 않으며, 악수나 포옹을 하거나 볼을 만지는 인사는 일반적이지 않다.

② 식사

일본에서는 종교를 갖지 않은 사람이 많기 때문에 종교적 이유로 인한 음식, 음주 관련 제한은 없다고 봐도 무방하다. 일본인들은 기본적으로 일식을 좋아하나, 일본에는 양식, 중식, 한식 등 세계 주요 음식들이 넓게 보급되어 있는 만큼 일본인과 식사할 때 일식만을 고집할 필요는 없다.

일본인과 식사를 할 경우, 상대방에게 불쾌감을 주지 않도록 주의할 필요가 있다. 일식을 먹을 때는 물수건으로 얼굴이나 목을 닦는 것, 식탁 위에 담배를 두는 것, 식사 중에 이쑤시개를 쓰는 것 등은 매너 위반이다. 또한 젓가락을 쓸 때는 젓가락으로 식기를 움직이는 것, 젓가락을 핥거나 무는 것, 식기 위에 젓가락을 두는 것, 음식물에 젓가락을 찌르는 것 등은 상대방한테 좋지 못한 인상을 남길 위험이 있다. 일본 비즈니스 매너 중에는 식사 중의 좌석배치도 중요한 부분으로 간주되는데, ① 출입구로부터 가장 먼 자리, ② 일본식 방(和室)의 경우 도코노마(床の間)에 가장 가까운 자리가 가장 상석이라 할 수 있고, ③ 초대받은 사람의 경우 상대방보다 직위가 높아도 끝자리에 앉는 것이 원칙이라 할 수 있다.

③ 선물

일본 비즈니스 문화에 있어서 선물을 주고 받는 것은 중요한 풍습이라 할 수 있다. 여름에는 '오츄우겐'(お中元), 연말에는 '오세이보'(お歳暮)라는 선물을 거래관계가 있는 업체끼리 교환하는 문화가 존재한다. 일본인들은 선물의 가치 자체보다는 선물을 주는 행위에 중점을 두는 경향이 짙다. 그래서 일본 기업으로부터는 매우 간소한 선물을 받는 경우도 있고, 반대로 고가의 선물을 받는 경우도 있으나 선물의 대소가 비즈니스 성과와 직결되는 구조는 아니다. 한편, 선물을 일본인들에게 건넬 경우에도 고가의 물건을 선물하면 상대방이 부담을 느끼는 경우가 많기 때문에 거래를 시작하기 전에

Note

는 간단한 식품 등을 선물하는 것으로도 충분하다. 일본인들이 선호하는 한국 선물로는 김치, 김, 차, 과자 등이 있다. 일본에서는 선물을 받을 때 바로 포장을 열기보다는 선물을 준 사람이 돌아간 후에 포장을 여는 풍습이 있다. 또한 일본인들은 선물을 받을 때 2번 가량 사양의 의사를 보일 경우도 있는데, 이 또한 풍습의 일환으로 선물을 받을 의지가 정말로 없다는 뜻은 아닌 경우가 많다. 선물로 적절하지 않는 품목으로는 손수건, 칼, 불과 관계 있는 것(라이터, 재떨이 등) 등이 있다. 손수건은 일본말로 '테기레'(手切れ)라고도 하며, 테기레는 '절연'을 의미하는 말이고, 칼 또한 관계의 단절을 연상케 하기 때문이다. 또한 선물 개수가 4와 9(4=시='死', 9=구='苦'를 연상)가 되지 않도록 주의가 필요하다.

④ **약속**

일본에서 비즈니스를 전개함에 있어서 약속을 지키는 것은 철칙이라 해도 과언이 아니다. 면담시간을 비롯해 납기, 자료제출 기한 등을 지키는 것은 일본 기업과 신뢰관계를 구축하는 데 근본적인 바탕이 된다. 아울러 비즈니스에 관한 약속을 할 때 과장해서도 안 된다. 자신이 수행할 수 있는 범위를 성실하게 전달하고, 약속을 지킬 수 없게 되었을 경우는 반드시 미리 사정을 설명하면서 사죄의 의사를 표명할 필요가 있다. 면담 약속은 보통 2주전까지는 잡는 것이 상식적이다. 날짜가 임박해서 약속을 잡을 경우 좋지 못한 인상을 남길 수 있기 때문이다. 또 일단 약속시간을 잡으면 함부로 변경하는 것도 좋지 못한 인상을 상대방에게 남긴다. 방문 전에는 방문목적, 방문자 수, 방문자 이름과 직위/직책 등을 사전에 전달하는 것이 좋고, 방문 시에는 약속 장소에 5~10분 전에 도착하는 것이 좋다.

Note

대화방법

실내에서 대화를 할 때 목소리 음량을 조절해야 하는데, 소리를 낮추고 작게 이야기하는 것이 기본적인 글로벌 에티켓이다. 또한 상대방의 이야기 중 끼어들거나 흐름을 방해하는 것은 나라를 구분치 않고 무례한 행동이니 조심해야 한다.
상대에게 비즈니스에서 삼가야 하는 다섯 가지 질문은 다음과 같다.

1. 처음 만난 상대방에게 나이를 묻지 않는다.
2. 비즈니스 업무에서 결혼을 묻는 것을 큰 실례이다.
3. 상대에게 종교와 정치를 주제로 이야기 하지 않는다.
4. 개인적인 질문이나 답하기 곤란한 대화는 거부감이 든다.
5. 여성과 남성 모두 몸무게와 키를 묻지 않는다.

이 다섯 가지는 나라와 성별이 무관한 비즈니스 글로벌 에티켓임을 반드시 기억하자.

REAL IMAGE CASTING

07

외적 이미지 연출방법

제7장 외적 이미지 연출방법

Note

1. 메이크업(스킨케어 & 메이크업)

메이크업은 얼굴이나 신체의 결점을 보완하고 수정하여 장점은 부각시키고 단점을 보완하여 더 아름답고 개성 있게 꾸미고 매만지는 모든 행위를 말한다. 또한 영상산업의 발달로 메이크업의 범위가 더욱 넓고 다양해졌으며, 새로운 캐릭터 창조의 예술적인 부분까지 메이크업 범위는 확대되고 있다. 메이크업은 외형적인 변화를 통해 내면의 자신감에 영향을 주기도 한다.

1) 화장품 순서

토너 → 에센스, 아이크림 → 로션(에멀젼) → 영양 & 수분크림(오일) → 썬크림 → 메이크업베이스 → 프라이머 → 파운데이션 → 컨실러 → 파우더 → 아이브로우 → 아이섀도, 아이라이너 → 마스카라 → 립, 볼터치 → 하이라이트

2) 스킨케어

메이크업에서 가장 중요한 것은 깨끗하고 촉촉하며 투명한 피부 표현이다. 올바른 클렌징과 기초 스킨케어는 기본이다. 클렌징을 하는 목적은 메이크업을 지우는 것과 피지 또는 먼지를 피부에서 제거하여 혈액순환을 돕는 피부의 컨디셔닝 기능도 갖고 있다. 건성피부와 지성피부는 주의를 요한다. 건성피부는 유・수분이 필요하며 피부관리 시 유분과 수분이 함유된 제품을 사용하면 메이크업의 지속력이 높아진다. 지성피부는 번들거림을 없애주는 제품을 사용하고, 오일이 함유된 제품은 메이크업이 번들거리거나 지워지는 현상이 생기므로 메이크업 하는 데 어려움이 있을 수 있다. 클렌징 제품은 피부타입에 맞게 다음과 같이 사용한다.

Note

(1) 클렌징의 종류

① 클렌징 크림 : 진한 화장(무대분장)을 지울 때 사용한다. 건성피부와 중성피부에 적당하며 마사지 효과도 있다.

② 클렌징 오일 : 짙은 화장을 지울 때 효과적이고 건성피부에 적당하다

③ 클렌징 로션 : 사용감이 산뜻하고 일반적인 화장을 지울 때 적당하다.

④ 클렌징 워터 : 일반적인 화장을 지울 때 화장솜에 적셔서 눈, 입, 피부순으로 지운다.

⑤ 클렌징 티슈 : 여행이나 외출 시에 편리하게 휴대하여 사용한다.

⑥ 폼 클렌징 : 짙은 화장을 했을 때 1차세안 후 2차세안할 때 사용하며 일반적으로 비누 대용으로 모공의 노폐물을 배출할 때 사용한다.

(2) 올바른 세안 방법

① 세안 준비물 : 피부타입에 맞는 클렌징 제품, 비누 & 폼클렌징, 미지근한 물, 타올을 준비한다.

② 눈화장 지우기 : 화장솜에 클렌징 오일 & 클렌징 워터를 충분히 적셔 눈에 대고 10초 정도 기다렸다가 위아래로 닦아낸다.

Note

③ 입술화장 지우기 : 화장솜에 클렌징 오일과 클렌징 워터를 충분히 적셔 입술에 대고 10초정도 기다렸다가 위아래로 닦아낸다.

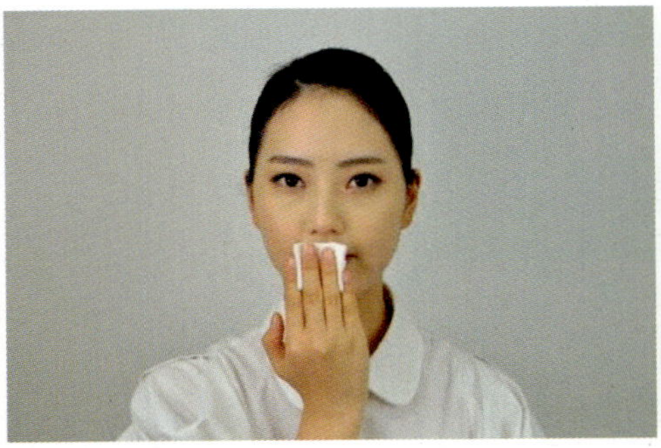

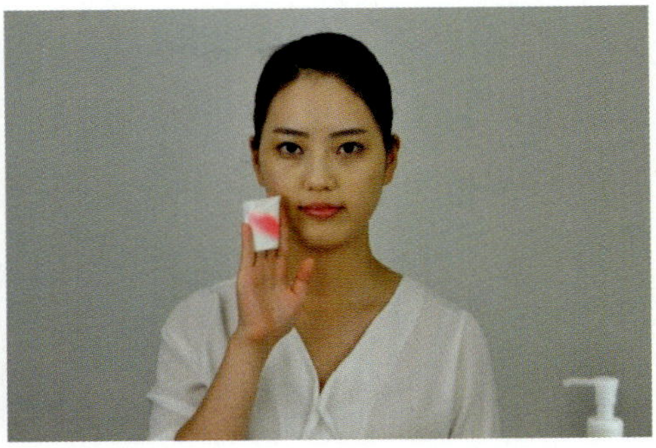

④ 전체 메이크업 지우기 : 손에 거품을 충분히 만들어 얼굴 전체에 부드럽게 마사지 하듯 도포한 후, 미지근한 물로 얼굴 중앙에서 바깥쪽으로 튕기듯이 씻어준 후 마지막 세안 물은 흐르는 물로 5회 정도 마무리 씻기를 한다.

⑤ 세안 후 마무리 : 마른 수건으로 문지르지 말고 톡톡 두드리듯 닦아낸다.

Note

3) 기초화장

기초제품의 선택은 개인의 피부타입과 연령에 맞게 선택하는 것이 중요하다. 가끔은 전문가의 도움을 받아 피부측정을 통한 제품 선택을 하는 것도 하나의 방법이다. 피부를 청결하게 해주고 외부환경으로부터 피부를 보호하고 영양과 보습을 공급하는 것이 기초제품 사용의 목적이다.

(1) 토너는 피부 결 정돈을 목적으로 화장솜에 토너와 스킨을 묻혀 세안 후 피부 속 잔여 노폐물을 닦아내는 역할을 한다.
(2) 에센스는 피부에 영양분을 주는 제품이므로 비타민, 콜라겐, 엘라스틴, 항산화 등의 영양공급과 보습성분, 노화방지 등의 고농축 성분이 피부에 흡수되는 역할을 한다.
(3) 아이크림은 눈 주위의 얇고 섬세한 피부조직이 노화되는 것을 방지하기 위한 기능성 화장품이다.
(4) 로션, 크림은 피부를 촉촉하고 부드럽게 만들어 주고 수분공급과 유분을 공급하는 역할을 한다.

4) 피부표현을 위한 화장도구 및 재료

(1) 스폰지

파운데이션을 고르게 피부에 고르게 펴 바르기 위한 도구이다.

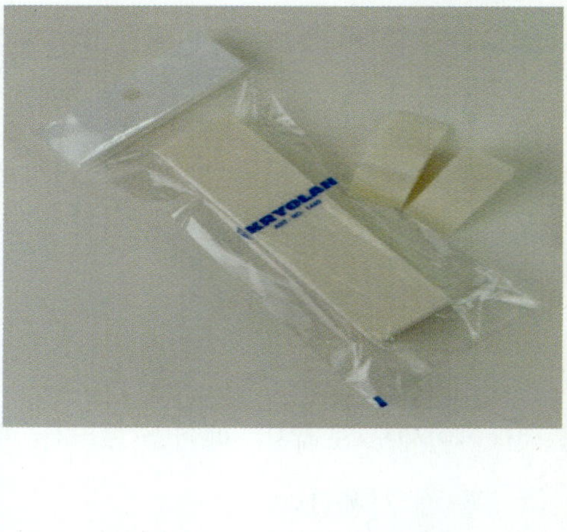

Note

(2) 파우더 퍼프

파우더를 바를 때 사용하며 피부에 부담 없이 가루타입 파우더를 편리하게 바를 수있다.

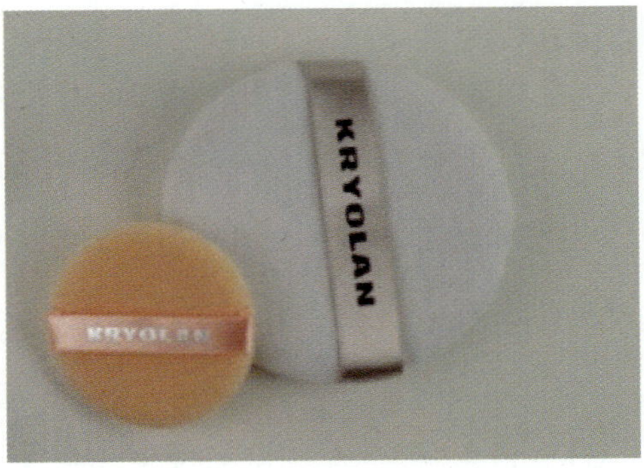

(3) 메이크업 브러시

① 파우더 브러시 : 브러시에 파우더를 듬뿍 묻혀 피부 안에서 바깥 방향으로 가볍게 쓸어주듯 바를 때 사용한다.

② 페이스 브러시 : 리퀴드 파운데이션을 얇게 바를 때 사용하거나 파우더를 도포할 때 사용하기도 한다.

③ 파운데이션 브러시 : 리퀴드 파운데이션이나 크림타입 파운데이션을 바를 때 사용한다.

④ 팬 브러시 : 부채꼴 모양의 브러시로 파우더를 털어낼 때 사용하거나 아이섀도 화장 후 눈밑에 떨어진 가루를 털어낼 때 사용한다.

⑤ 블러셔 브러시 : 얼굴의 윤곽을 수정하고 광대를 또렷하게 보이도록 사용하며 블러셔를 표현할 때 사용한다.

⑥ 아이섀도 브러시 : 베이스 브러시, 메인 브러시, 포인트 브러시로 아이섀도를 바를 때 사용한다.

Note

⑦ 팁 브러시 : 스폰지 재질의 브러시로 아이섀도 포인트 컬러를 표현할 때 사용한다.

⑧ 컨실러 브러시 : 점이나 잡티를 커버할 때 사용한다.

⑨ 사선 브러시 : 눈썹의 빈공간을 채우거나 짙게 만들기 위하여 사용한다.

⑩ 아이라이너 브러시 : 섬세하고 또렷한 아이라인을 그릴 때 사용한다.

⑪ 스크루 브러시 : 속눈썹을 아래에서 위로 수정할 때나 눈썹을 정리할 때 사용한다.

⑫ 립 브러시 : 편리하고 청결한 입술 화장을 할 때 사용한다.

⑬ 아이브로우 콤 브러시 : 눈썹의 방향과 형태를 정리할 때 사용하고 마스카라가 뭉치지 안게 빗어 사용한다.

(4) 아이래시컬러(뷰러)

속눈썹에 자연스럽게 컬을 주어 살짝 올려줄 때 사용한다.

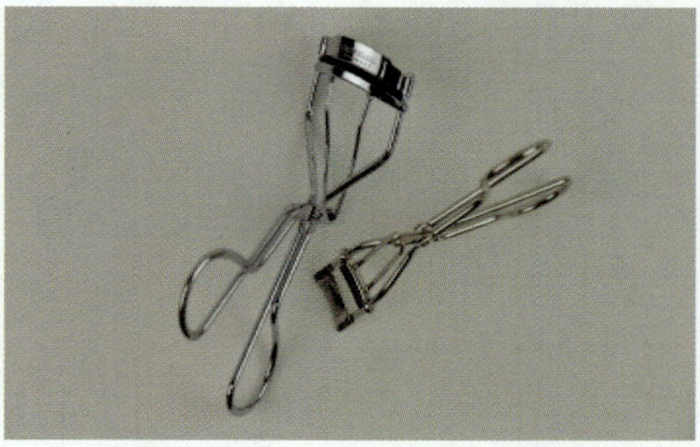

(5) 프라이머

기본적으로 실리콘과 글리세린을 포함한 베이스이며 파운데이션 밀착과 보호막 형성의 기능을 한다. 스킨케어 단계가 끝나고 파운데이션 전 단계에 발라 피부 결을 정리해 주며 피부에 광택을 주기 적당하다. 지성피부는 피지흡착의 효과, 건성피부는 보습, 요철 완화의 효과가 있다.

(6) 메이크업베이스

① 리퀴드 타입(Liquid Type) : 리퀴드 타입은 수분을 많이 함유하고 있는 제품으로, 중성이나 지성 피부에 적합하다. 적절한 컬러를 선택하여 손으로 각 부위에 적당량을 펴바르는 방법과 라텍스를 이용해 두드려 사용하는 방법이 있다.

② 크림타입(Cream Type) : 리퀴드 타입의 제품보다 커버력이 강한 제품으로 일명 컨실러(Concealer)라고 한다. 브러시나 면봉을 이용해 커버하고자 하는 부위에 펴바

Note

른 후 브러시로 블랜딩하거나 라텍스에 물을 적셔 잘 두드려 커버해 준다.

③ 피부타입에 따른 메이크업 베이스 색 선택법

연핑크	혈색이 없고 창백한 피부에 사용한다.
보라	노란색을 띄는 피부에 사용한다.
흰색	피부색이 어둡고 칙칙한 느낌이 드는 피부에 사용한다.
그린	피부색이 붉거나 모세혈관이 확장되어 붉은 피부, 여드름 자국 등 전체적으로 잡티가 많고 울긋불긋한 피부에 사용한다.
블루	기미, 주근깨, 잡티가 많은 피부에 사용한다.
오렌지 브론즈(Bronze)	햇볕에 그을린 듯한 피부 컨실러는 파운데이션 단계 전후에 사용하여 잡티를 커버하는 용도로 완벽한 베이스를 원할 때 사용한다.

④ 컨실러 사용 시 너무 밝은 톤을 사용하게 되면 더 푸르게 보일 수 있으므로 피부톤과 거의 비슷한 톤을 사용하거나 한 톤 정도 밝은 것을 선택한다. 컨실러의 양은 최소화하며 눈 아래쪽에는 너무 많은 파우더의 사용을 피해야 한다.

(7) 파운데이션의 종류

① 리퀴드 타입(Liquid Type) : 일반적으로 많이 이용하는 파운데이션으로 수분 함량이 많아 투명감이 있고 결점이 별로 없는 피부나 자연스러운 메이크업을 원할 경우에 적합하나 상처나 피부의 반점을 감추는 커버력이 약하다.

건성피부에는 유분이 들어간 오일 베이스드(oil-based) 파운데이션을 사용한다.

② 크림 타입(Cream Type) : 효과적인 유분 보호막으로 리퀴드 타입에 비해 커버력이 높지만, 지성피부엔 효율적이지 못하고 건성피부에 더 효과적이다.

③ 스틱 타입(Stick Type) : 유수분을 흡수시켜 고체화시킨 것으로 다른 제품에 비해 커버력이 우수하여 기미, 주근깨, 여드름 등을 감출 수 있다. 피부 톤이 다른 제품에 비해 두꺼운 느낌을 주는 것이 단점이며 주로 분장용으로 사용한다.

Note

(8) 파우더

메이크업의 마무리 단계에서 파운데이션 도포 후에 피부에 남아 있는 유분을 흡수한다. 부자연스러운 광택을 제거하고 파운데이션을 밀착시키고 지속력과 외부로부터의 피부를 보호하고 보습력을 유지하는 효과를 주면서 아름다운 피부색을 표현한다.

(9) 아이섀도

Brown 계열	자연스럽고 건강하고 차분한 느낌을 주며 피부색과 모발색에 잘 어울린다.
Pink 계열	귀엽고 젊어 보이는 느낌을 주며 흰 피부, 핑크색 피부에 어울린다.
Green 계열	젊은 느낌과 자연의 느낌을 주며 어두운 피부에 어울린다.
Blue 계열	시원한 느낌을 주고 여름에 많이 활용된다. 눈을 가장 뚜렷하게 보이게 한다.
Purple 계열	우아하고 성숙한 느낌을 주며 흰 피부에 잘 어울리고 고급스럽다. 핑크 계열의 피부에도 잘 어울린다.

Note

(10) 아이라이너의 종류

① **타입**

붓타입	지속력이 우수하지만 수정이 어렵고 번들거리는 단점이 있다.
젤타입	그리기 편리하고 지속력이 우수하지만 별도의 붓을 관리하기 힘들다.
팬슬타입	그리기 쉽지만 잘 지워진다

② **색상**

블랙	강하고 선명한 느낌
카키	빈티지한 느낌
브라운	은은하고 세련되고 부드러운 느낌
퍼플	우아하고 신비한 느낌
그레이	도시적이고 신비한 느낌
블루	시원한 느낌

(11) 아이펜슬 & 브로우 펜슬

(12) 다양한 립 제품

Note

2. 면접 메이크업

면접 메이크업은 개성 있게 하기보다는 자연스럽고 깨끗한 피부 표현과 부드럽고 총명한 눈매를 표현하여 신뢰감 있는 이미지로 표현되어야 한다.

1) 파운데이션

피부색에 맞는 파운데이션을 균일하게 얼굴 전체에 도포하고 스폰지를 사용하여 두드리듯 펴바른 후 퍼프에 파우더로 가볍게 마무리한다.

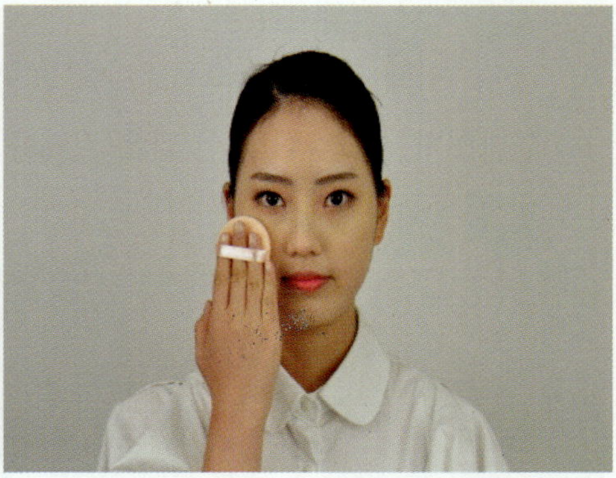

2) 눈썹

눈썹은 헤어 컬러와 비슷한 톤을 선택하거나 에보니 펜슬로 자연스럽게 그려준다.

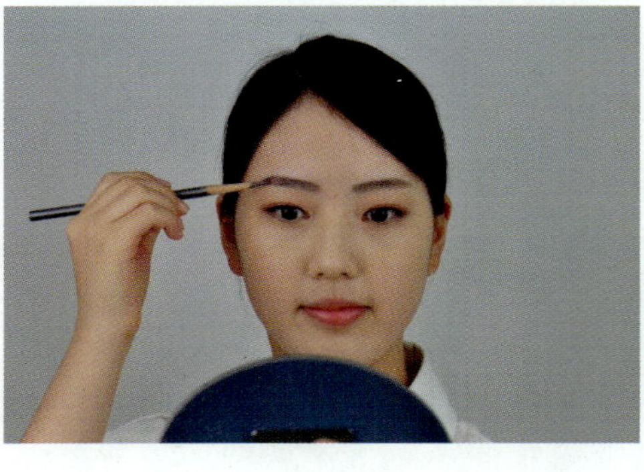

Note

3) 아이 섀도

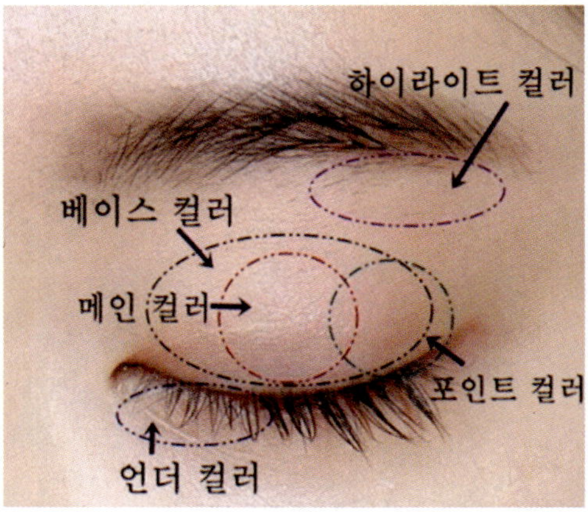

(1) 베이스컬러는 미색이나 핑크 베이지, 브라운 베이지 등으로 음영을 준다.

(2) 메인 컬러는 오렌지 브라운으로 자연스럽게 바른다. 이때 같은 컬러로 언더라인도 바른다.

(3) 포인트 컬러는 눈매의 깊이와 또렷함을 주기 위해 다크브라운으로 바른다. 이때 같은 컬러로 언더라인도 바른다.

(4) 언더컬처는 펄감이 섞인 밝은 컬러를 소량 바른다. 눈썹 뼈 부분은 하이라이트를 주어 입체감을 준다.

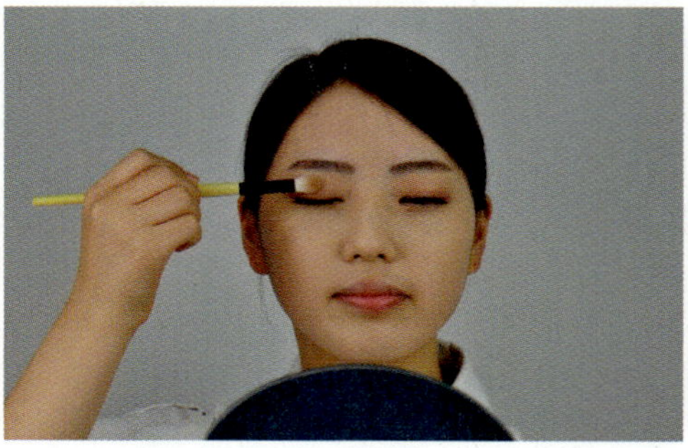

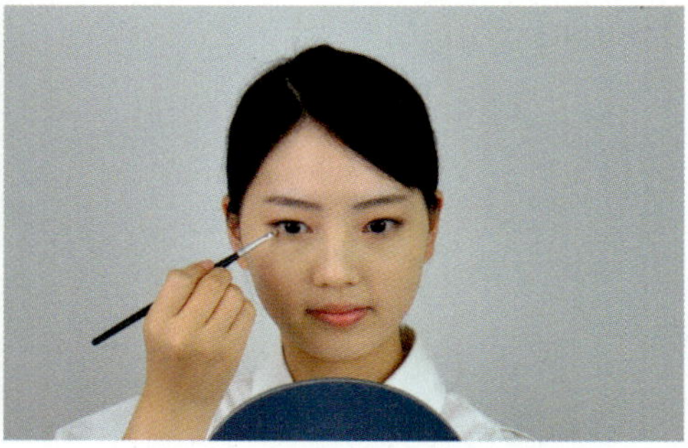

4) 마스카라

마스카라를 하기 전에 아이래시컬러(뷰러)로 속눈썹에 컬을 준 다음, 마스카라를 위에서 아래로 아래에서 위로 빗질하듯 쓸어 준다.

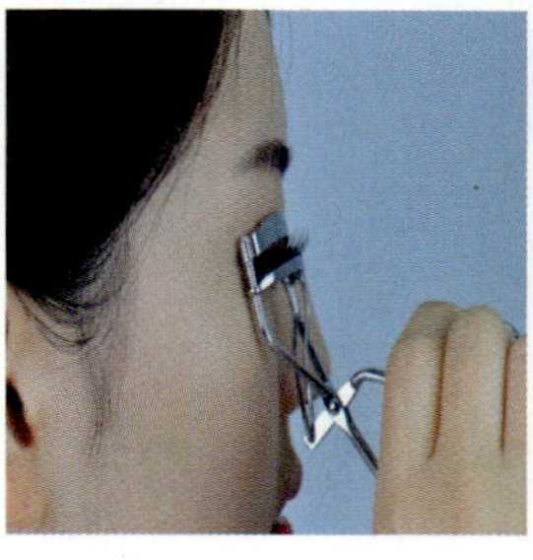

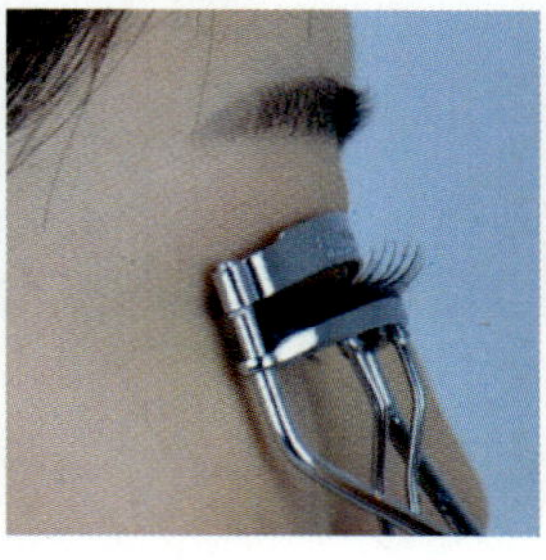

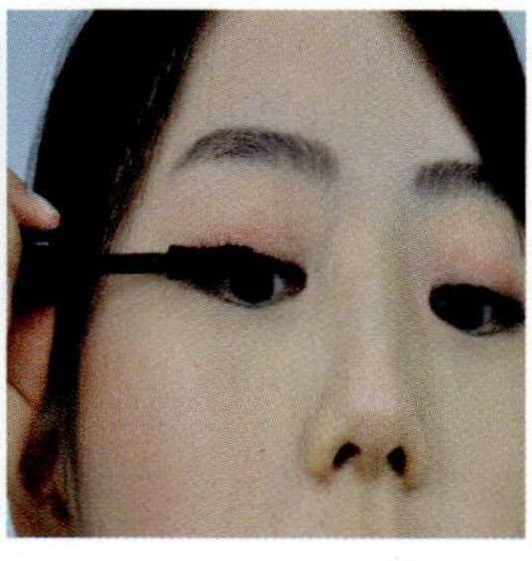

Note

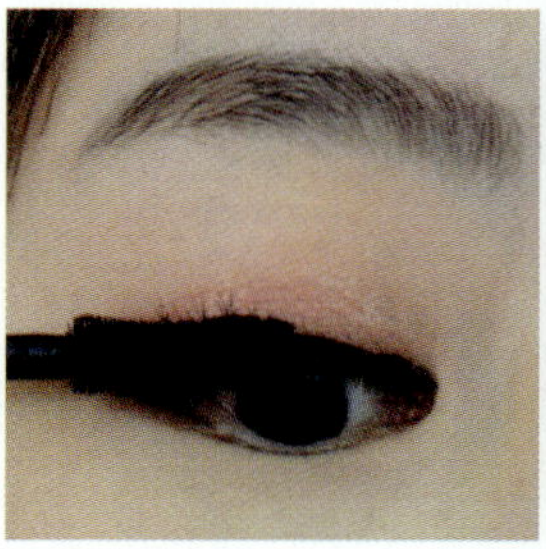

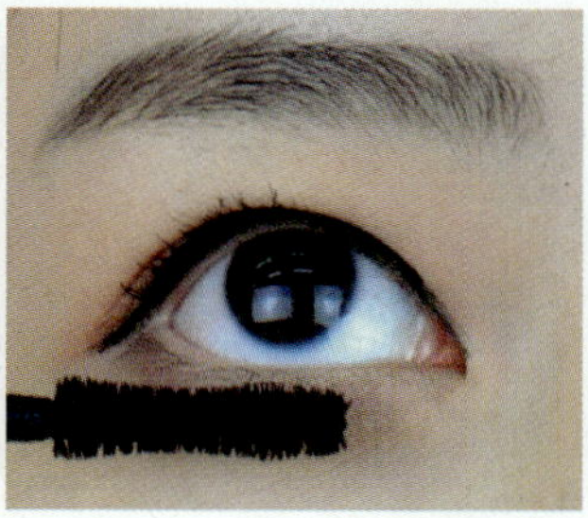

5) 립

립은 진한 컬러, 광택재품은 피하고 피치, 핑크, 오렌지 컬러를 사용하여 입술모양보다 심하게 축소하거나 과장하지 않고 자연스럽게 바른다.

6) 볼 화장

볼 화장은 피치, 핑크 컬러를 브러시에 묻혀 자연스럽게 발라준다.

Note

7) 아이브로우 정리하기

(1) 가장 이상적인 눈썹 길이는 코볼 끝과 눈썹꼬리 끝점을 이어준 선이다. A와 C는 수평이고 눈썹의 산은 눈동자 끝에서 직선에 위치한다.

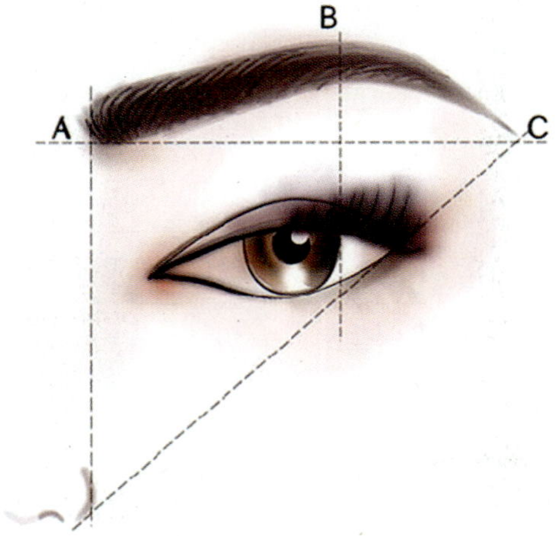

(2) 눈썹을 가지런히 빗어준 다음 족집게나 눈썹정리 칼을 사용하여 다듬는다. 눈썹을 처음 정리할 때의 팁은 에보니 펜슬로 원하는 눈썹 모양을 그려 놓고, 그 모양 바깥쪽에 삐져나온 눈썹을 다듬으면 쉽게 눈썹을 정리할 수 있다.

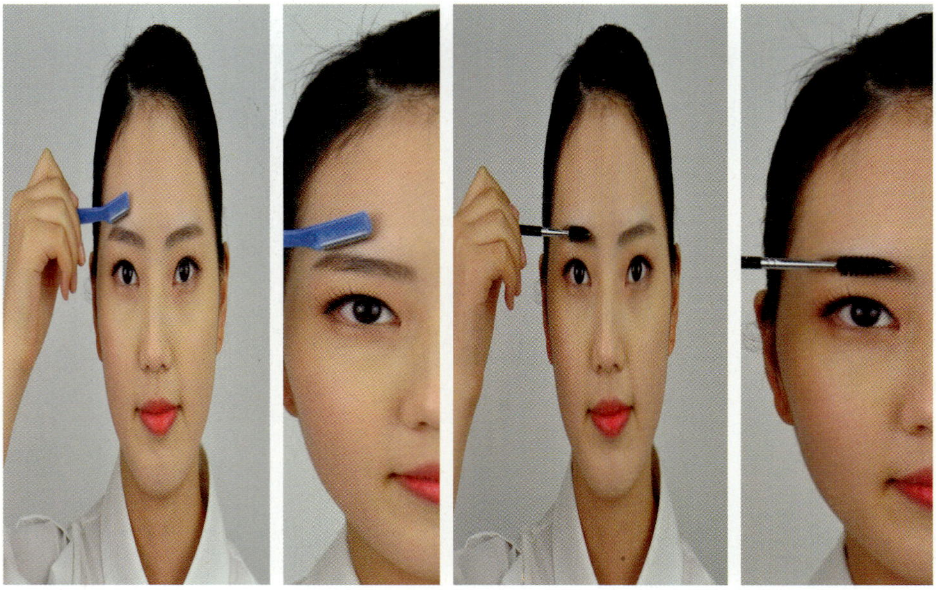

Note

8) 남성 메이크업 연출

(1) 자기 피부톤에 맞는 파운데이션을 선택한다
(2) 스폰지로 가볍게 두드리며 얼굴 전체에 골고루 바르고 목선의 톤과 차이 나지 않도록 주의한다.
(3) 눈썹은 자연스러운 컬러를 선택(헤어 컬러와 가장 비슷한 컬러)하여 자기 눈썹에 비어있는 부분을 채워가며 그려준다. 너무 얇거나 진해서 여성적이거나 인위적으로 보이지 않도록 주의한다.
(4) 입술은 각질이 생기지 않도록 보습제품을 사용하거나 혈색이 좋아 보이도록 연한 색의 립밤을 바른다.

3. 서비스인의 헤어 스타일링

서비스인의 헤어스타일은 유니폼과의 조화를 이루는 단정하고 깔끔한 이미지로 연출되어야 한다. 대부분 포니테일이나 쪽머리 스타일로 하거나 단정한 단발 또는 커트로 한다.

깔끔한 헤어 연출을 위해 헤어 젤과 헤어 스프레이 등으로 고정하여 지속력을 유지시켜야 한다. 많은 양의 헤어 제품을 사용한 후 반드시 머리를 깨끗하게 감고 트리트먼트를 꾸준히 하여 수분과 영양공급을 충분히 해준다.

1) 포니테일 묶는 법

• 준비물 : 헤어망, 실핀, U핀, 고무줄, 스프레이 & 헤어젤, 빗

Note

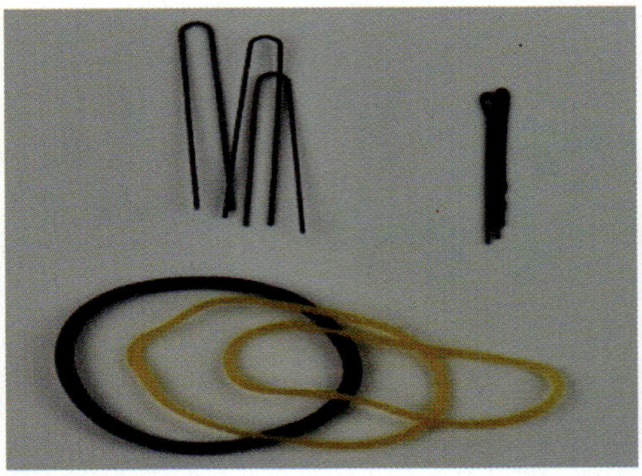

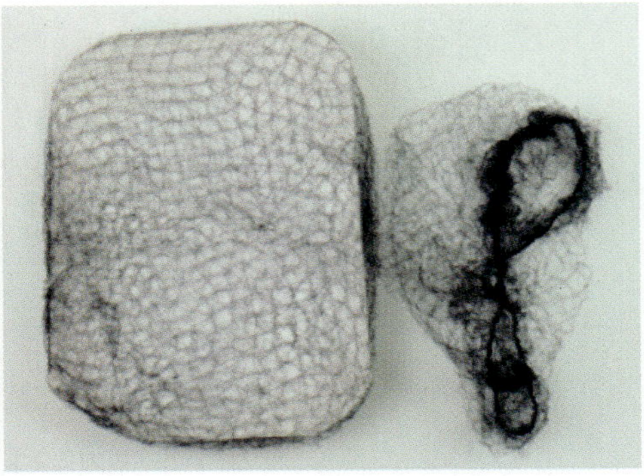

(1) 머리를 묶기 전에 빗질을 해서 머리결을 정리한다.

(2) 앞머리의 1/2 정도를 남기고 빗질을 해서 귀 중앙과 수평이 되는 지점에 묶어준다.

(3) 앞머리의 뿌리 부분에 헤어스프레이를 뿌려준다. 주의할 점은 헤어스프레이를 모발에서 20cm 정도 떨어뜨린 뒤 분사한다.

Note

(4) 앞머리 뿌리 부분으로 백콤한다.

(5) 백콤한 앞머리를 뒷머리와 함께 묶은 후 뒷머리 일부분을 뽑아 고무줄을 가리기 위해 묶은 후 실핀으로 고정한다.

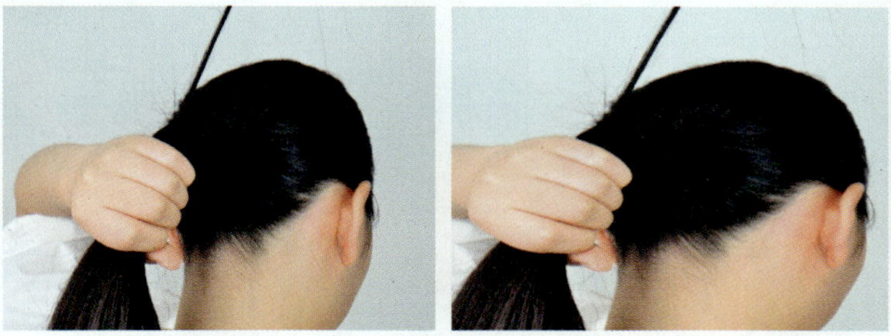

(6) 포니테일 완성

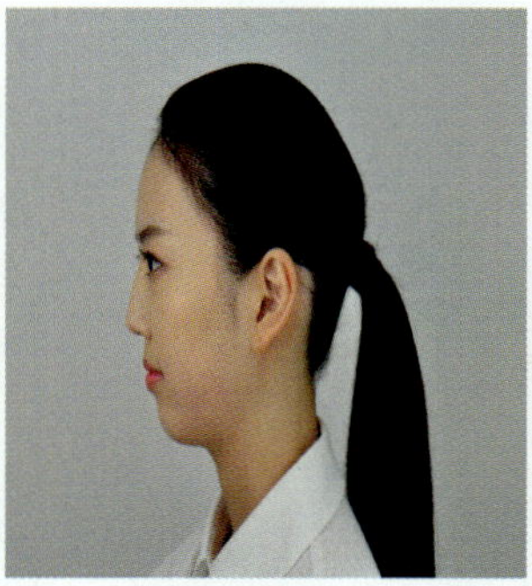

2) 쪽머리 하는 방법

(1) 포니테일과 동일한 방법으로 묶은 후 다음 헤어 망을 씌운다.

(2) 미세망으로 싼 머리를 한쪽방향으로 돌돌 말아준다.

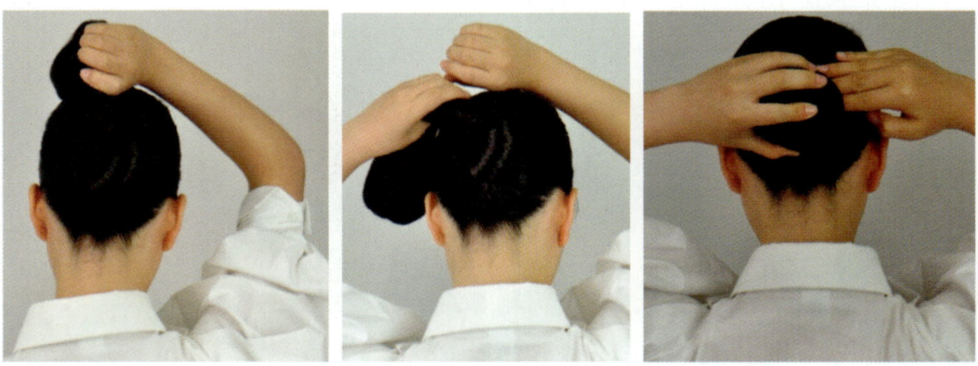

(3) U자 핀으로 고정한다.

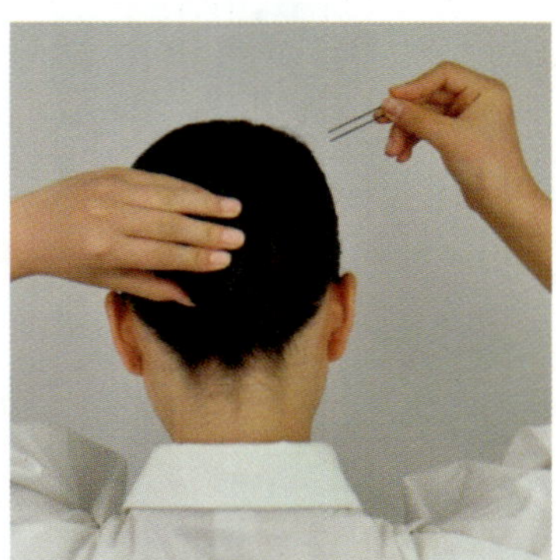

Note

(4) 쪽머리 완성

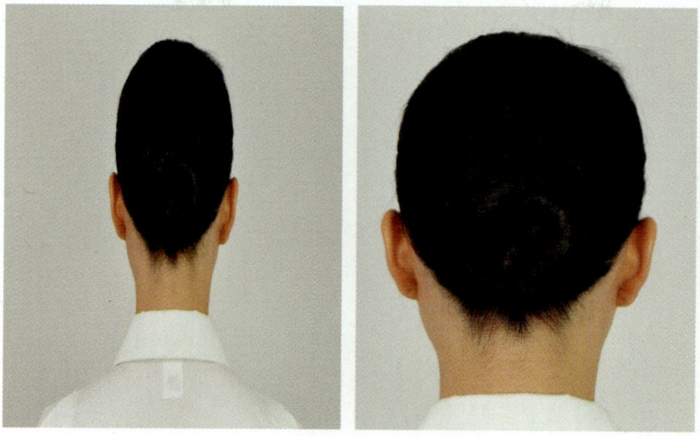

3) 커트

이마를 가리지 않도록 하고 7 : 3 정도의 가르마를 타고 드라이를 하여 적당히 띄어주며 헤어스프레이로 마무리 한다.

4) 단발머리

웨이브를 피하고 이마를 가리지 않도록 하며, 머리 길이가 옷깃에 닿지 않도록 관리한다. 단정한 직모를 유지하기 위해 드라이나 세팅으로 연출하고 헤어스프레이로 고정한다.

5) 남성 헤어스타일링

두피관리를 위해 샴푸 후에 물에 젖은 머리카락은 드라이 건조를 해야 한다. 드라이 건조 시 바람은 찬 바람을 선택하는 것이 두피나 모발 건강에 좋다.

면접을 위한 스타일링은 이마를 가리지 않도록 하고, 7 : 3 또는 8 : 2 정도의 가르마를 타고 드라이를 하여 적당히 띄워주며 헤어스프레이로 마무리한다.

REAL IMAGE CASTING

08

자기완성, 패션

제8장 자기완성, 패션

Note

1. 퍼스널 컬러

퍼스널 컬러(Personal Color)는 두 가지의 의미를 지닌다.

첫 번째, 개인이 타고날 때부터 가지고 있는 신체 색을 의미한다.

두 번째, 개인의 피부와 머리카락, 그리고 눈동자 색과 가장 잘 어울리는 색을 의미한다. 개인마다 가지고 있는 고유의 색이 다르기 때문에 개인에게 어울리는 색이나 그렇지 못한 색을 구분하여 찾아낼 수 있다.

인간의 타고난 컬러는 머리카락 색, 눈동자 색, 피부색 등이 있고, 이러한 정보를 바탕으로 봄, 여름, 가을, 겨울의 4계절로 자신에게 어울리는 컬러가 결정된다. 큰 틀에서 보면 봄, 가을을 따뜻한 색(Warm Tone)이라 하고 여름, 겨울을 차가운 색(Cool Tone)으로 구분 한다.

1) 웜톤(Warm Tone)과 쿨톤(Cool Tone)

웜톤(Warm Tone)	피부색이 노르스름하고 따뜻하다. 머리카락은 갈색이고 눈동자는 밝은 빛이 도는 갈색이다.
쿨톤(Cool Tone)	피부색은 붉은색이 돌면서 차가워 보인다. 머리카락은 흑색이고 눈동자는 어두운 갈색이다.

2) 컬러의 속성

색은 무채색과 유채색으로 나뉜다. 무채색은 흰색, 회색, 검정색 같은 밝고 어두움만 있는 것이며 유채색은 색상, 명도, 채도의 3속성을 가지고 있다.

Note

(1) 색상(Hue)은 색의 주어진 차이에 따라 빨강, 노랑, 파랑이라 한다.

(2) 명도(Value)는 밝고 어두움의 정도를 말하며 순백을 10으로 하고 11단계로 구분한다. 명도 단계에서도 밝기가 높은 고명도, 어두운 저명도, 그 사이를 중명도라 한다.

(3) 채도(Chroma)는 색의 맑고 탁한 정도를 말한다. 순백에 가까울수록 채도가 높고 순백에서 멀어질수록 채도가 낮다고 한다.

3) 진단방법

정확한 진단을 위해서 컬러전문가의 도움을 받아 컬러 진단천을 통해 드레이핑 측정을 하는 것이 바람직하다. 그러나 자가 진단을 통해서도 가능하다. 다음의 주의사항을 유의한 다음 본인의 톤을 알아보자.

(1) 유의사항

① 썬텐이나 비타민을 비롯한 약물복용상태는 정확하지 않다.
② 헤어 염색을 한 경우에는 흰 수건으로 가린다.
③ 색조 화장기가 없는 상태여야 한다.
④ 빛은 자연광(낮 11~3시)이나 중성광이 적당하다.
⑤ 상체를 가릴 흰 천이나 가운을 준비한다.
⑥ 드레이핑 컬러 천이 없을 경우 다음 자가질문에 체크해 본다.

웜톤(Warm Tone)	쿨톤(Cool Tone)
☐ 피부가 노르스름한 편이다.	☐ 피부가 붉은 편이다.
☐ 머리카락이 갈색이다.	☐ 머리카락이 검정색이다.
☐ 골드 주얼리가 잘 어울린다.	☐ 실버 주얼리가 잘 어울린다.
☐ 오렌지 립스틱이 잘어울린다.	☐ 핑크 립스틱이 잘 어울린다.
☐ 아이보리, 베이지 상의가 잘 어울린다.	☐ 화이트 상의가 잘 어울린다.
☐ 햇빛에 잘 타는 편이다.	☐ 햇빛에 타면 붉게 변한다.

Note

4) 계절 색상의 특징

(1) 봄 색상의 특징

① 전체적으로 노랑이 섞여 있고, 생명의 에너지가 느껴지는 선명하고 원색적이며 명도와 채도가 높아 투명하고 깨끗하고 경쾌한 이미지이다

② 색상 : 노랑을 기본으로 레드, 오렌지, 그린, 아쿠아, 그린, 블루, 바이올렛, 브라운 등이 있다.

(2) 여름 색상의 특징

① 전체적으로 하양과 파랑이 섞여 있고 푸른색으로 차가워 보인다. 명도는 높고 채도는 낮은 부드럽고 낭만적인 이미지다.

② 색상 : 옐로우, 핑크, 블루, 그레이, 바이올렛 등이 있다.

(3) 가을 색상의 특징

① 내추럴하고 깊이 있는 컬러이며 전체적으로 황색이 혼합되어 있고 차분하고 무거운 느낌이다. 명도와 채도가 낮아 우아하고 고전적인 이미지다.

② 컬러 : 골드 옐로우, 오렌지, 올리브 그린, 레드 브라운, 다크 브라운, 버건디 등이 있다.

Note

(4) 겨울 색상의 특징

① 순백의 눈과 얼음처럼 맑고 차가운 느낌이며 전체적으로 푸른색과 검정색이 혼합되어 채도가 높아 선명하고 밝다. 심플하고 강렬하며 세련된 이미지다.

② 색상 : 고명도의 화이트, 블루, 핑크, 마젠타, 아쿠아 블루, 레드, 블랙 등이 있다.

5) 계절 유형별 퍼스널 컬러에 따른 스타일링

(1) 봄 타입

① 봄 타입은 화사하고 생동감 있는 느낌에 실제 나이보다 어려보이는 이미지를 가지고 있다. 메이크업은 투명하고 매끄러운 피부표현을 살려 크림베이지나 피치, 베이지 등으로 베이스를 옅게 표현한다. 아이브로우는 브라운으로 자연스럽게 표현한다.

② 립과 치크 컬러는 따뜻한 핑크나 코럴 등으로 은은하게 표현한다.

③ 헤어 컬러는 밝은 갈색, 밝은 오렌지 등이 잘 어울린다.

Note

(2) 여름 타입

① 여름 타입의 사람은 기본적으로 흰 빛을 가진 아이보리나 연핑크, 연소라색 등의 차갑고 낭만적이며 여성스러운 이미지를 갖고 있다. 부드럽고 차가운 느낌의 핑크 계열이나 파스텔 등의 중간색이 주를 이루는 블루나 퍼플 등이 어울린다

② 메이크업은 파스텔 톤으로 화사하고 자연스럽게 살려 부드러운 여성미를 표현한다.

③ 베이스는 내츄럴 베이지, 핑크 베이지 등이고 아이섀도는 블루, 베이비핑크, 코발트그린에 펄을 섞어 표현한다.

④ 헤어는 회갈색, 와인색 등의 컬러가 잘 어울리고 액세서리는 실버가 잘 어울린다.

(3) 가을 타입

① 가을 타입은 따뜻한 느낌의 갈색, 카키, 황색 베이지로 자연의 색에 가까운 부드럽고 친근하며 편안한 이미지다. 골드, 구리, 카라멜 색과 카키, 올리브 그린 등이 어울린다.

② 메이크업은 스모키하면서 전체적으로 클래식하게 표현하여 도회적이고 세련된 고급스러움을 표현한다.

③ 내츄럴 베이지, 골드 베이지 등으로 베이스를 표현하고 아이섀도는 그레이 브라운, 다크 브라운 등으로 표현한다

④ 립은 짙은 오렌지, 말린 장미 컬러로 표현한다.

⑤ 헤어컬러는 짙은 갈색, 카키, 브론즈 등이 잘 어울리며 액세서리는 골드가 잘 어울린다.

Note

(4) 겨울 타입

① 겨울 타입은 차갑고 강렬한 도시적인 이미지이고, 기본적으로 희고 푸른빛을 지닌 피부톤과 차갑고 짙은 톤의 회갈색이나 검정색의 눈동자가 대조를 이루어 세련되고 깔끔한 이미지이다.

② 메이크업은 원 포인트 메이크업과 선명함을 강조하는 또렷한 인상을 주는 메이크업이 어울린다.

③ 핑크 베이스, 로즈 베이지로 베이스를 표현하고 아이섀도는 블루 그린, 아이시 퍼플, 로열 블루 등으로 표현하고 립 컬러는 딥 레드나 버건디, 퍼플 등으로 강조한다.

④ 헤어컬러는 무채색으로 모던한 이미지를 강조하고 청색계열이나 흙색으로 연출한다. 액세서리는 다이아몬드, 실버 진주 등 모던하고 심플한 디자인을 선택한다.

Note

6) 잡지(컬러칩)에서 따뜻한 색과 차가운 색을 찾아 부착해보기

	따뜻한색(Warm Tone)	차가운색(Cool Tone)
빨강		
주황		
노랑		
초록		
파랑		
보라		
핑크		
갈색		

Note

7) 봄 이미지 찾아보기

이미지 맵

컬러 칩

Note

8) 여름 이미지 찾아보기

이미지 맵

컬러 칩

Note

9) 가을 이미지 찾아보기

이미지 맵

컬러 칩

Note

10) 겨울 이미지 찾아보기

이미지 맵

컬러 칩

Note

2. 복장전략

면접 스타일링은 일차적으로 시각적인 판단에 영향을 주는 용모나 복장이 중요하다. 상대를 판단하는 기준은 단정하고 신뢰감을 주는 첫인상에서 좌우된다. 그리고 기본적으로 체온 유지와 위험에서 보호하는 역할 이외에도 상대방에게 최소한의 예의를 표현하는 수단이기도 하다. 그래서 T.O.P에 알맞은 복장을 선택하는 것은 매우 중요한 예의이다.

1) T.O.P란

(1) Time : 시간에 맞는 복장을 한다.

(2) Occasion : 목적에 따른 성격을 파악하고 분위기에 어울리는 복장을 한다.

(3) Place : 장소가 실내인지 실외인지에 맞는 복장을 한다.

2) 용모와 복장체크하기

(1) 남성

① 같은 소재의 상하 한 벌의 정장을 선택한다.

② 재킷은 단추를 채웠을 때 가슴 앞부분을 당겨 주먹이 들어갈 정도가 적당하다.

③ 소매길이는 차렷 자세에서 손등을 덮지 않을 정도가 적당하다.

④ 셔츠는 구김이 가지 않게 잘 다리고 얼룩이 없도록 한다.

⑤ 벨트 색상은 양복과 잘 어울리도록 선택하고 버클이 지나치게 화려한 것은 피한다.

⑥ 넥타이는 신뢰감을 주는 사선모양의 스트라이프의 블루 계열이 적당하다.

⑦ 양말은 흰색이나 발목이 없는 것은 피한다.

⑧ 구두는 깨끗하게 관리한다.

⑨ 시계나 안경은 눈에 띄게 과한 디자인은 피한다.

Note

(2) 여성

① 같은 소재의 상의와 스커트를 선택한다.

② 스커트는 H라인으로 무릎이 살짝 보일 정도를 선택한다.

③ 상의와 하의에 구김이나 얼룩이 없도록 한다.

④ 소매와 목 부위를 깨끗하게 한다.

⑤ 스타킹은 피부톤에 맞는 것을 선택하고 올이나 구멍이 없도록 한다.

⑥ 스타킹은 여유분을 챙긴다.

⑦ 구두 굽은 3cm ~ 5cm가 적당하고 업무에 어울리는 디자인을 선택한다.

⑧ 귀걸이는 귓불에 딱 붙는 스타일로 지름이 1cm 이하로 한다.

⑨ 시계나 안경은 눈에 띄게 과한 디자인은 피한다.

Note

3) **이미지맵 만들어보기**

REAL IMAGE CASTING

09

성공적인 프로토콜 의전(국제행사)

제9장 성공적인 프로토콜 의전(국제행사)

Note

1. 의전의 유래와 중요성

우리말 '의전'은 영어로 Protocol, Etiquette, Good Manners 등 다양하게 표현될 수 있다. 이 중 'Protocol'이란 단어는 그리스어의 'Protokollen'에서 유래된 것으로, 이는 'Proto'(맨처음) + 'Kollen'(붙이다)이 합성된 단어이다.

이는 원래 공증문서에 효력을 부여하기 위해 문서 맨 앞장에 붙이는 용지를 뜻하는 것이었으나 그 후 외교관계를 담당하는 정부의 공식문서 또는 외교문서의 양식을 의미하게 되었다. 따라서 프로토콜이 지금 우리가 이야기하고 있는 '儀典(의전)'이라는 의미로 사용된 것은 국가간의 관계에 있어서 가장 기본이 되는 형식, 즉 제일 첫 번째로 지켜야 하는 것이라는 의미에서 나온 것이라 추측된다. 프로토콜은 국가 간의 관계 또는 국가가 관여되는 공식행사에서 지켜야 할 일련의 규범(A set of rules)이라는 의미로 이해할 수 있다.

의전이라는 무기를 어떻게 쓰느냐에 따라, 자신의 경쟁력을 높여줄 수 있기 때문에 의전은 형식이며 전략이라고 설명할 수 있다.

우선 개인적인 측면에서는 자신이 목표하는 바를 보다 효율적인 방법으로 달성해 나가는 데 있어 의전이 중요한 역할을 한다. 예를 들어, 국내 모 기업의 사장단 중에 비서 출신이 많은 것을 볼 수 있는데, 이것은 비서들이 상사가 무엇을 원하는지를 알고 미리 대비하고, 모든 상황들을 시각화하면서 예상 가능한 상황들을 꼼꼼하게 준비하는 습성에서 비롯된 것이라 할 수 있다. 이렇듯 의전에 있어 제일 중요한 것은 상대에 대한 배려와 좋은 매너이며, 이는 비서들이 인맥을 쌓아 나가는 데 있어 결정적인 요인으로 작용된다.

국가적인 차원에서의 의전은 그 나라의 품격을 드러내주는 동시에 국가적인 목표를 달성하는 도구로 사용되기도 한다. 예를 들어, 프랑스에서는 공식연회의 경우 외빈과 방문국의 음식 및 와인에 대한 이해수준을 바탕으로, 접대하는 음식 및 와인 종류를 다르게 구성한다. 음식이 한 나라의 외교수단으로 사용되는 것은 국제관계에서 빈번하게 나타나는 부분으로, 2007년 평양에서의 남북 정상회담 시 답례만찬 주 메뉴로 전주 비빔밥을 사용하여 남과 북이 하나됨을 상징함으로써 정상회담의 분위기 조성에 좋은 영향을 주었다고 평가받고 있다.

2. 각 나라별 의전 시 주의사항

1) 대한민국

전통적인 한국의 가장 큰 특징은 모든 일을 빨리 하는 것을 지상 과제로 삼아 속도전에 목숨을 걸고 있는 듯한 모습이었다. 매사에 '빨리빨리'를 외치면서 정신 없이 달리다 보니 심지어 느긋하게 관광을 해야 할 장소에 가서도 그런 습성을 버리지 못하고 '빨리빨리'를 외치며 재촉한다는 외국인들의 평가도 많았다. 이렇게 '빨리빨리'를 부르짖다 보니 부실공사가 많아져 거창한 이름의 대교가 출근길에 무너지고, 부촌에 고급스럽게 지은 백화점이 갑자기 무너지는 등 엄청난 재해를 가지고 왔건만 '빨리빨리'의 신화는 여전히 사람들의 뇌리를 지배하고 있다. 한국인들의 이러한 습성이 비즈니스 관계에서도 이어져 관계의 형성부터 결론에 이르기까지 시간을 두고 천천히 실행하는 것을 좋아하지 않는 편이 강하다.

그러나 여러 세대를 거쳐오면서 한국인들의 성향에 변화가 일어나고 있다.

우선 젊은 세대를 중심으로 기존 관습이나 기성세대의 권위에 얽매이는 것을 싫어하고 사회변화를 추구하며 여건이 어려울지라도 옳다고 생각하면 주저 없이 행동하는 특징이 나타난다. 이는 자신들의 삶을 기성세대처럼 살고 싶지 않은 것을 나타내는 듯하다. 즉, 자신들이 정상적으로 활동할 수 있는 정상사회를 요구하고 우리 사회가 정도(正道)의 방향으로 개혁되길 원하고 있는 것이라 해석할 수 있다. 이러한 성향이 비즈니스 관계에서도 이어져 기존의 관계에서 발생하는 관례를 따르기보다는 서로의 실리를 중심으로 이성적인 판단을 바탕으로 비즈니스를 진행하려는 태도가 나타나고 있다.

또한 영상세대의 출현과 함께 오감을 만족시키는 즐거움을 추구하는 성향이 나타난다. 삶의 핵심 의미가 근면과 사회적 인정에서 점차 개인의 즐거움으로 이동하고, 갈수록 자신의 의미 충족이 공적 명예의 추구보다 더 가치 있는 일이라는 생각이 확산되고 있다. 이것은 개인의 삶 속에서도 중심과 가치가 업무에서 가족과 개인의 만족으로 전향되는 성향이 두드러지고 있다. 그리고 각종 표현을 보다 쉽게 하고 보다 솔직한 소통이 이루어지고 있어 자유롭고 개방적으로 서로 편하게 누군가에 대해 평가하거나 비판하는 것에 대해 부담을 덜 느끼게 되었다. 인터넷의 발달을 기반으로 자유로운 대화의 장에서 권위적 강요보다 서로 댓글을 달며 논쟁하면서 설득하는 토론의 장이 우후죽순처럼 퍼지고 있어 쌍방향 의사소통과 자발적 참여에 의한 여론형성이 가능하게 된 것이다. 이러한 현상은 자발적이고 유동적인 네트워크 덕분에 견고한 조직과 단결성을 강조하던 기존의 업무형식에서 벗어난다는 점에서 부정적인 시선도 있었으나, 네트워크형 유동성이 자발적 참여와 솔직한 의사전달의 가능하다는 점이 강조되어 한국 비지니스 업무에 긍정적으로 활용되고 있다.

2) 미국

미국인과 상담 시 가장 먼저 자신을 소개할 때 사용하는 것이 명함이다. 명함에는 가능하면 영어로 자신의 직함을 제시하며, 미국에서 일반적으로 통용되는 명함의 크기는 가로 8.9㎝, 세로 5.1㎝이다. 전화번호는 가급적 국가코드와 지역코드를 기입해 두는 것이 좋고, 명함에 표기하는 이메일은 가급적이면 본인 이름과 성으로 간단히 이루어진 메일을 사용해야 하며 회사 도메인으로 된 주소를 사용하는 것이 좋다. 또한, 국제적으로 통용되는 hotmail, yahoo mail, gmail 등의 이메일도 같이 기재하는 것이 선호된다. 그 이유는 미국 업체들의 이메일 보안이 강화되면서 때때로 미국 업체들의 이메일 서버가 한국 이메일 서버(예 @co.kr)로부터 처음 오는 이메일을 스팸메일로 처리하거나 수신을 거부하는 경우가 있기 때문이다.

미국인과의 면대면 상담 시에는 과시하는 태도나 지나치게 거만한 태도는 피하며, 개별 대화 시에는 상대방의 개인적 관심사가 무엇인지를 미리 알고 시작하면 좋다. 상대방과 이야기할 때에는 꼭 Could, Please, Thank you very much, May I 등과 같은 표현을 함으로써 기본적인 예절을 지키는 것이 좋다. 그러나 상담 중에 개인적인 내용에 대해서 물어보거나 지나친 감정을 표출하는 것은 예의에 어긋난 것일 뿐만 아니라 진지하지 못한 것으로 평가된다.

미국인들은 술 문화가 곁들여진 식사보다는 아침, 점심, 저녁을 같이 하면서 비즈니스 미팅을 하는 것이 일반적이다. 미국인들은 저녁식사를 개인적인 관계를 위해 사용하는 경향이 강하므로, 대부분 비즈니스는 점심식사에 이루어진다. 처음 만나는 경우일지라도 서로 이름을 부르면서 대화를 시작하는 것이 좋으며, 직함이나 직위는 별로 중요하게 생각하지 않는다. 간혹 "Let's have lunch together"와 같은 초대의 말은 인사치레인 경우도 있기 때문에 항상 진심으로 받아들일 필요는 없다. "Next time"이라는 말은 한국인에게 부정적인 이미지로 받아들여지지만, 미국인에게는 약속을 긍정하는 의미로 이해되므로 신중히 써야 한다. 그러나 실제로 초대를 받았을 경우에는 선물을 준비하도록 하며, 선물은 와인 정도가 적당하고 행사나 잔치에 초대 받을 때 어린이를 동반하는 것은 사전에 초청자와 협의하는 것이 좋다.

미국은 다양한 문화가 복합적으로 융합돼 형성된 사회임에도 불구하고, 때때로 상대가 속한 인종, 문화 등을 적절히 활용할 경우 비즈니스 성공 확률이 높다. 예를 들어, 유태인과의 비즈니스에서 상대방에게 확신을 심어줄 때 "I'm sure"보다는 "I swear by god"와 같은 유태인에게 친근한 표현 등이 이에 해당된다. 이렇듯 미국인들은 권위주의를 싫어하고, 상식과 실용주의에 의해서 일 처리하기를 좋아한다. 또한 상대방의 연령이나 결혼, 수입, 주소, 신상 등 개인의 신상에 관련된 사항들을 묻는 것은 상대방에게 불쾌감을 줄 수 있기 때문에 피해야 한다.

미국인들은 미국이 세계 최고라는 인식이 강하기 때문에 일반 미국인들은 외국에 대한 지식이 부족한 경우가 많다. 또한 미국인들은 그 조상의 출신이 지역별, 민족적으로 다르더라도 모두 미국적인 것을 좋아한다. 아울러 미국적이지 않은 것이라고 하더라도 배척하기보다는 새로운 것이라는 생각으로 받아들이려고 노력하는 경우가 대부분이다.

미국 사람들은 상담할 경우 시간을 낭비하지 않고 능률적으로 진행하기를 좋아한다. 날씨와 같은 대화를 간단하게 하고 나서 바로 상담하고자 하는 내용을 시작하는 것이 좋다. 상담하고자 하는 내용은 간단한 것부터 시작해서 복잡한 것을 말하는 것이 좋으며, 만일 상대방이 잘 이해를 못할 경우는 상담하고자 하는 내용을 종이에 간단하게

Note

쓰거나 그림을 그리면서 핵심적인 사항을 이해시키는 것이 필요하다. 만약 미국인과의 대화에서 의도를 명확하게 파악하지 못했을 경우에는 "Excuse me"라고 해서 알아들을 수 있을 때까지 물어보는 것이 좋다. 만일 알아듣지 못한 상태에서 "Yes"라고 하고 나중에 못 알아들었다고 하는 것은 신뢰성에서 문제가 발생할 소지가 매우 높다.

3) 캐나다

캐나다의 에티켓은 다른 선진 국가들에서 통용되는 에티켓과 유사하다. 특히 비즈니스 상담에 있어서 서로의 시간을 존중하며 약속 시간을 엄수하는 것이 철칙이다. 피치 못할 사정으로 약속에 늦을 경우에는 정중하게 사과를 하고 양해를 구해야 하고, 만약 20분 이상 늦을 경우에는 최대한 신속하게 전화로 설명하고 약속시간을 재조정하는 것이 바람직하다. 캐나다 사람들은 외국인에게 비교적 친절한 것으로 알려져 있기는 하지만 개인신상에 관한 질문(나이, 결혼 유무 등)을 자세히 묻는 것은 큰 결례로 생각하기 때문에 이 부분을 꼭 기억해야 한다. 캐나다의 일반적인 인사 방식으로 남성은 악수를 교환하는 것이 일반적이며, 여성의 경우 친한 경우에는 가벼운 포옹도 가능하다. 또한 캐나다에서는 보통 악수할 때 손을 힘주어 잡는 경향이 있는데, 이를 도전적인 의미로 받아들이기보다 친근함 혹은 만나서 반갑다는 표현으로 받아들이는 것이 좋다.

캐나다에서는 남녀노소 불문하고 상대방이 이야기를 할 때 두 눈을 쳐다보고 반응을 보이며 경청하는 것이 예의에 적합하다. 상사나 나이가 많은 어르신들과의 대화에서도 너무 딱딱한 모습보다는 부드러운 어투로 자연스럽게 대화하는 것이 일반적이다. 대화 시 고개를 숙이고 있거나 다른 곳을 쳐다보는 행동은 예의에 어긋나는 행동이므로 주의해야 한다.

한편 캐나다인과의 비즈니스 미팅에서 종종 상대방이 공중에서 양손의 검지와 중지를 펴고 V자를 만든 상태에서 아래 위로 토끼 귀처럼 까딱까딱하는 제스처를 볼 수 있는데 이는 'Air Quotes' 또는 'Bunny Quotes'라는 제스처로 두 손가락을 인용부호인 따옴표 모양을 만들어 강조하고 싶은 말을 할 때 사용한다. 하지만 경우에 따라서는 빈정대거나 풍자할 때도 많이 쓰이는 표현이므로 주의해야 한다.

캐나다에서는 사업 상대가 자신의 집으로 초대하는 것이 개인적인 친분을 나타내는 것이기 때문에 만약 초대를 받았을 경우에는 정중하게 수락 여부를 답해야 한다. 방문 시 꽃, 와인, 자국 기념품 등의 선물을 증정하는 것이 좋으나 꼭 필수적인 것은 아니다. 그러나 방문 후에는 초대를 해 준 상대방에게 감사의 서신 또는 이메일을 보내는 것이 전형적인 관례이다.

4) 영국

영국인들은 특별한 형식 없이 자유분방하게 회의를 진행하는데 이는 영국이 가지고 있는 민주주의 전통에 입각한 것이다. 영국 기업인들은 선례를 따르는 것을 좋아하기 때문에, 상담에 임하기 전에 해당 기업의 웹사이트 및 기타 자료를 통해 해당 기업의 프로필 등을 미리 조사해 보는 것도 좋다. 그러나 영국인들과의 비지니스 협상 시에는 개인적인 친분이나 개인적 감정 등을 개입시키지 않는 것이 바람직하다.

영국인들과의 대화 시에는 특히 상대방의 얘기를 끝까지 잘 듣고 그 이야기에 맞는 쉬운 단어를 이용하더라도 적합한 영어표현을 통해 본인의 의견을 정확하게 전달하는 것이 중요하다. 영국인은 중립적인 성향이 강하므로 타인의 일을 간섭하는 것을 꺼리며 특히 간섭 받는 것을 불쾌하게 여긴다. 따라서 상담 및 대화 시 어떤 경우라도 상대의 말을 끝까지 들어야 하며, 중간에 끼어드는 일은 반드시 피해야 한다. 부득이한 경우라면 반드시 양해를 구하도록 한다. 또한 대부분의 영국 사람들은 내성적이어서 대화 시 작은 목소리로 이야기하며, 몸짓을 많이 하지 않을 뿐만 아니라 일정 거리를 유지하는 것을 좋아하므로 너무 큰 몸짓을 하거나 큰 목소리로 이야기하는 것은 거부감을 줄 수 있다.

영국인과의 비즈니스 면담 후에는 상담내용을 이메일로 본인이 이해한 내용을 확인하는 것이 일반적인데 이것은 대화 중 각자의 입장에서 발생하는 오해를 방지하기 위함이므로, 상담 시 대화내용을 충실하게 기록하는 것이 좋다.

영국인과의 면담에서는 불필요한 접대문화도 지양해야 한다. 영국인들은 절대로 거래 시 접대를 받지 않는다. 선물을 주거나 식사, 유흥을 제공하는 것은 뇌물로 간주하며, 대부분의 영국 기업들은 이러한 상황 발생 시 내부보고를 하는 규정을 가지고 있으

Note

므로 어쩔 수 없이 상대 기업은 블랙리스트에 올라 향후 교신이 중단되는 경우도 많다.

또한 영국은 지역별로 표현에 약간의 차이점을 보인다. 예를 들어, 우리가 알고 있는 '대영제국 또는 영국'은 잉글랜드, 웨일즈, 스코틀랜드 그리고 북아일랜드를 포괄하는 나라이다. 위의 지역들은 각각 특이한 전통과 문화를 가지고 있으며 역사적 이유로 갈등 관계에 있기도 하다. 따라서 스코틀랜드인, 웨일즈인 그리고 북아일랜드인에게 포괄적인 개념으로 '잉글리쉬'라고 말하는 것은 큰 결례가 될 수 있다. 따라서 상대방의 출신 지역을 확인한 후 적절한 단어(스코티쉬, 웰쉬, 아이리쉬) 사용하며 그에 맞는 대화 소재를 선정하는 것이 중요하며, 일반적으로는 UK 혹은 '브리티쉬'라는 단어를 사용하는 것이 좋다.

5) 프랑스

프랑스는 전 세계의 다양한 인종들이 모여 사는 국가여서 소수 유색인종과 거래할 때는 이들의 문화 및 종교적 관습이나 금기사항에 주의해야 한다. 프랑스는 통상 떠올리는 백인 이외에도 식민지 시절 유입된 알제리, 모로코, 튀니지 출신의 이슬람 종교인들을 비롯, 세네갈, 카메룬 등에서 유입된 흑인, 그 밖의 인도차이나인, 중국인 등이 함께 어우러져 사는 나라다. 백인들 또한 포르투갈, 이탈리아, 폴란드 출신의 이민자들이 많이 있다. 2005년 폭동사태를 통해 알 수 있듯이, 이들 소수 유색인종들은 기존의 백인 프랑스인들에 비해 상대적으로 열악한 환경에서 생활하고 있으며, 잠재적으로 인종 간의 갈등이 잠재된 상황이다. 따라서 프랑스인과의 상담 시 인종 및 종교 관련 발언은 매우 위험한 결과를 초래할 수 있다. 또한 2015년 11월 파리 대테러 사건 이후 잇따른 테러 또는 테러위협이 프랑스 내 실현되면서, 비즈니스로 만나게 된 사람이라 할지라고 처음 대면하는 자리에서는 더욱 높은 경계를 보이는 경향이 강해지고 있다. 따라서 인종 및 종교적인 주제에 대한 대화주제는 선택하지 않도록 하며, 의견을 표현할 때는 높은 주의를 가져야 한다. 또한 개인 사생활 침해가 금기시되고 있어 한국식으로 출신학교, 출신지, 거주지, 연령, 배우자와 자녀들에 관한 질문 등은 삼가는 것이 좋다.

프랑스에서 비즈니스 관련 미팅을 위한 사전 약속은 필수적이다. 적어도 2주 전에

Note

미팅 약속을 잡는 것이 바람직하며, 대기업이나 높은 직급의 임원과의 면담일 경우 보다 여유롭게 미팅 약속을 잡는 것이 좋다. 약속은 이메일과 전화, 서신 등으로 이루어지며 지위가 높은 사람일수록 직접 연락보다는 비서를 통해 약속을 정하는 것이 일반적이다. 또한 프랑스인들은 시간 개념이 정확한 편이므로 가급적 약속시간에 늦지 않는 것이 좋다. 그렇다고 약속시간보다 빨리 도착해서 상대방의 업무에 지장을 초래하는 것도 실례다. 예를 들어, 상담실이 별도로 없는 중소기업의 경우, 같은 사무실에서 근무하는 직원들에게 불편을 야기할 수 있으므로 한 5분 정도 늦게 들어가는 것이 예의이다. 불가피한 사정으로 늦게 되거나 취소해야 할 경우에는 사전연락을 통해 양해를 구하는 것이 바람직하다.

방문 미팅을 할 경우에는 상대 건물에 도착 후 로비에 위치한 안내데스크에 미팅 대상자의 이름을 알려주고 자신의 명함을 주면 안내데스크 직원이 상대방에게 연락한다. 이후 상대방이 직접 로비로 마중을 나오는 경우와 데스크 직원이 안내해주는 경우가 있으므로 상황에 따라 대처하면 된다. 상담 시 명함준비는 필수이며, 여유가 있다면 프랑스어로 제작한 명함을 바이어에게 건네는 것도 좋은 인상을 심어줄 수 있다.

프랑스인과의 비즈니스 시에는 선물은 필수적인 요소가 아니다. 만약 필요하다면 거래 성사 후에 하는 것이 관습이다. 거래성사 전에 선물하는 것은 뇌물로 간주될 우려가 있기 때문에 거래성사에 대한 고마움을 표시하는 의미로 사후에 하는 것이 무방하다. 비즈니스 성사 여부가 접대나 선물에 의해 이뤄지기보다는 품질, 가격, 신용 등에 의해 결정되는 프랑스 기업의 전문성이 강조된 비즈니스 특징 때문이다.

특히 한국 업체의 경우 너무 딱딱한 표정으로 상담에 임하는 경우가 많고, 프랑스인은 표정이 밝고 유머감각이 뛰어난 편이다. 이러한 이유로 프랑스 바이어로부터 호감을 사지 못하는 경우가 많다. 따라서 처음에 만나면 간단한 인사말을 통해 상담 분위기를 부드럽게 이끄는 것이 좋으며, 너무 심각한 표정보다는 편안한 표정과 명쾌한 말투로 업무면으로는 프로라는 인식을 심어줄 수 있다.

예전에는 프랑스인들이 자국 언어에 대한 자부심이 커 다른 언어로 대화하는 것을 꺼려한다는 인식이 있었으나, 글로벌 시대에 접어들면서 이러한 태도는 많이 사라지고 있다. 특히 젊은 층에서는 오히려 영어를 비롯한 외국어 구사능력이 뛰어나다는 평가를 받고 있으며, 비즈니스 미팅에서 영어 사용은 일부 특수산업을 제외하고는 대부분

Note

가능하다. 물론 프랑스어를 구사할 경우 상대 기업에게 더 좋은 인상을 심어줄 수는 있으며, 영어로 미팅을 진행하더라도 간단한 인사 및 감사의 말, 혹은 미팅 내용과 관련된 인용구 등을 프랑스어로 할 수 있다면 분위기를 부드럽게 만들 수 있다.

프랑스 사람들은 대체적으로 말이 많은 편이며, 자신의 의견을 피력하는 것을 좋아한다. 대화과정에서 상당히 직설적인 표현을 하는 경우도 종종 있는데, 이것은 비즈니스 관계에서 돌려서 말하는 것을 좋아하지 않기 때문이다. 또한 토론을 하는 것을 즐기며 상대방이 논리적으로 의견을 제시할 때 상당한 호감을 느낀다. 따라서 프랑스인과 상담 시 제품과 서비스의 장점만을 제시하기보다 타사 제품에 비해 경쟁력 있는 부분과 그 이유, 그리고 왜 바이어가 구매해야 하는지에 대한 부분을 논리적으로 차분하게 설명하려는 노력과 자세가 필요하다.

6) 인도네시아

인도네시아인들은 300여 년간 언어에 능통한 네덜란드인들의 지배를 받은 역사적 배경으로 인해 언어에 대한 능력과 관심이 높은 편이다. 해외영업 경험이 많은 비즈니스맨들에 한해 영어를 제대로 구사하는 인도네시아인들이 많다. 인도네시아의 모든 비즈니스 절차는 비서진으로부터 시작한다. 대부분의 경영진들이 개인비서를 두고 있으며, 행정절차나 서류진행 상태가 비서의 손에 달려 있어 비서들과 좋은 관계를 유지하면 업무의 진행속도와 결과에 긍정적인 영향을 미친다.

반면, 인도네시아인들은 시간관념이 약한 편이다. 특히 자카르타 시내의 경우 교통혼잡이 심각해 10분 거리가 1시간 이상 걸리는 경우가 흔하다. 따라서 바이어들이 시간 약속을 잘 못 지키는 경우가 있는데, 상대방의 입장에서 이해하려는 태도가 필요하다. 늦었다고 언짢은 모습을 언어 혹은 비언어적으로 태도를 나타낼 경우 인도네시아인들에게 좋지 않은 인상을 남길 수 있다.

특히 화교상들의 경우 협상을 하려는 성향이 많이 나타나므로 가격, 지불조건 등에서 융통성을 가지고 사전에 여러 가지 대응방안을 가지고 있는 것이 좋다. 또 무리한 요구를 하는 경우가 있으니 인내심을 가지고 천천히 조금씩 풀어나가는 것이 좋다. 그리고 편지나 이메일보다는 직접 대면하고 대화를 하는 것을 좋아하므로 현지 출장을 가거나 한국으로 초청해 상담하는 것이 좋다.

한편, 오랫동안 서양의 지배를 받은 영향으로 준비가 비교적 철저한 편이고 또 상대방에게도 같은 업무방식을 요구한다. 따라서 상담을 하거나 프레젠테이션을 할 경우 사전에 충분한 준비를 해야 한다.

7) 베트남

최근 제 3국 진출을 위한 투자 대상지로서 베트남의 가치가 높아지고 있기 때문에 베트남 현지인들과 직접 거래를 하거나 상담을 하는 경우, 그들만의 전통과 관습, 금기사항을 미리 익혀둘 필요가 있다.

무엇보다도 베트남인들은 자존심이 강하다. 오랜 세월 끊임없이 자행돼 온 외침을 물리친 역사에 대해 민족적 자부심이 매우 높다. 따라서 그들의 역사와 전통에 대해 대화주제를 선택하는 것이 좋다. 그러나 생활환경이나 베트남 전쟁과 같은 이념, 정치 등에 관한 이야기는 그들의 자존심을 상하게 할 수 있으므로 피하는 것이 좋다. 또한 더운 날씨로 인해 오후업무에 소홀한 경우가 많으므로 방문은 오전시간을 활용하고, 오후에 방문해야 하는 경우는 점심식사와 낮잠시간을 고려하여 오후 2시 이후가 무난하다.

베트남 사람들은 약속시간에 대개 10~30분 늦을 때가 많다. 따라서 약속시간에 조금 늦게나오더라도 느긋하게 기다리는 마음의 여유가 필요하다. 최근 베트남은 오토바이 수요 증가와 곳곳의 신도로 확장공사로 인해 교통체증이 상당히 심한 편이다. 특히 출근시간(오전 7~9시) 및 퇴근시간(오후 4~7시)의 도로는 쏟아져 나온 오토바이로 혼잡하기 때문에 이 시간대에 이동할 경우, 약 20~30분 일찍 서두르는 것이 좋다.

베트남에서는 보통 손님에게 차나 음식을 대접하는데, 이를 거부하는 것은 무례한 행동으로 오해를 받을 수 있으니 주의해야 한다. 또한 대화 시에는 허리에 손을 얹거나 팔짱을 낀다거나 특히 비즈니스 진행 시에 언성을 높이거나 손가락질을 하는 것은 베트남 사람들에게 불편함을 주기 때문에 부드러운 목소리로 비즈니스를 진행하는 것이 좋다.

베트남인과의 거래를 하려면 공식적인 절차 이외에도 상대방과의 개별 접촉을 통해

Note

비공식적인 사적 관계를 형성해 두는 것도 중요하다. 실제로 우리나라의 모 기계 제조업체는 현지의 공장들을 방문하여 고장난 기계를 직접 수리해 주기도 하고, 기술적 조언도 제공하는 등 인간적인 유대관계를 높이는 데 주력해 안정적인 거래선을 확보한 사례가 있다.

유교 문화권의 베트남 민족은 한국인과 비슷하게 정이 많은 민족이다. 예를 들어, 인맥을 통해 많은 일을 해결할 수 있는 점과 자신의 마음을 선물로 표현 등 유사한 행동성향을 보인다. 따라서 업체방문, 바이어 상담 시 작은 기념품 등을 준비하는 것이 정감 있는 분위기 조성을 위한 좋은 촉진제가 될 수 있다. 만약 비즈니스 진행 시 선물을 할 경우, 일반적으로 남부 기업인들의 경우 문구류 등 실용적인 제품을 선호하고, 북부 관료들은 유명 브랜드 제품을 선호한다. 유명 브랜드 중 선호되는 품목은 만년필, Chanel 향수 등이 있으며, 주류는 Ballantine 시리즈에 대한 선호도가 높다. 최근 금융시스템의 발달로 선불카드나 상품권의 사용 또한 늘어나고 있다. 일반 상거래 시 비즈니스 선물로는 볼펜, 다이어리, 가방, 라이터 등이 무난하다. 이때 선물하는 제품에 회사로고를 삽입하는 것은 바이어들에게 자신들의 회사를 알리는 데 도움이 될 수 있다.

선물 시 2개 한 쌍을 선물하는 것을 선호하며, 특히 결혼식 선물의 경우 필히 짝수로 제공해야 한다. 베트남에서는 설(tet)이 최대 명절이고, 이때 우리나라와 같이 선물교환이 이루어진다. 비즈니스 관계라면, 주류, 차, 인삼 등이 선물로 좋다. 그러나 칼이나 가위 등 뾰족한 제품들의 선물은 악의 기운이 있다고 믿기 때문에 피하는 것이 좋고, 흑백 이미지 제품이나 4종 선물세트 등은 죽음을 의미하기 때문에 피해야 한다. 특히 일부 기업은 속박의 뜻을 담고 있는 스카프나 넥타이 등이 불행을 초래한다고 믿는 경우도 있다.

8) 이집트

이집트인들은 남을 믿지 못하는 습성이 강해 권한을 위임하는 편이 아니므로 보통 최종 결정자는 정부에서는 장관이, 회사에서는 사장인 경우가 많다. 따라서 이집트인들과 비즈니스 시 중요한 결정을 해야 할 때는 고위인사를 만나는 것이 좋다. 이집트인과의 거래 시 모든 결정이 최고위층에서 이루어지므로 상담이나 계약의 이행속도가

Note

느린 편이다. 이때 우리의 사고방식으로는 상대방을 의심하게 되고 나중에는 인내심이 바닥을 드러내 전체 계약을 망치는 경우가 빈번하게 일어난다. 따라서 일단 상담을 시작한 후에는 성급함이나 조급함을 상대방에게 보이지 않도록 해야 한다.

이집트인과의 상담 시 상대방이 하는 말뜻은 정확하게 이해하도록 해야 하며 명확하지 않은 경우 분명하게 확인한 후 다음 단계로 넘어가는 것이 좋다. 대화 시 이집트인들은 과장된 표현을 많이 사용하기 때문에 '예스'라는 대답은 '가능하다면' 정도의 의미이므로 비즈니스가 성사됐다고 성급한 판단을 지어서는 안 된다. 이집트인의 특성상 구두로 약속한 것이 잘 지켜지지 않아 피해를 입는 경우가 종종 있기 때문에 상담 시 사소한 내용일지라도 모든 의결사항은 항상 문서화해 법적 근거를 마련해두는 것이 중요하다.

이집트인들은 성격 자체가 낙천적이기 때문에 거절하는 표현으로 "No, I Can't"라는 직접적인 표현 대신에 부크라(내일), 또는 인샬라(신이 원한다면) 식의 완곡한 표현을 사용해 거절하는 경우가 많기 때문에 앞뒤 상황을 정확하게 이해해 바이어가 원하는 의도가 무엇인지를 파악하고, 대화 시 종교문제나 정치문제, 혹은 여성에 대한 화제는 가급적 피하는 것이 좋다.

이집트는 여타 이슬람 국가에 비해 개방적이나 일반인들은 아직도 보수적인 편이므로 노출이 심한 복장, 음주, 여성에 대한 희롱 등은 엄격하게 금지된다. 또한 술과, 돼지고기 또는 돼지고기의 변형식품의 접대는 삼가야 하며, 외설적인 잡지 및 기구, 종교를 경시하는 문자, 로고, 디자인 등이 포함된 제품은 절대 팔 수 없다. 악수하거나 음식을 먹을 때, 선물을 주고 받을 때 반드시 오른손을 사용해야 하며, 특히 이슬람 성전인 코란 위에 무심코 휴대품을 올려놓을 경우 이슬람에 대한 모독으로 간주될 수 있다.

아울러 이집트에는 하루 5회 기도시간(쌀라)이 있다. 이 시간에는 일부 소매점 및 음식점 등 점원들이 기도를 하기 때문에 주문을 재촉하거나 흡연을 하는 행위, 고성을 지르거나 기도하는 방향 앞을 가로지르는 행위, 기도를 하기 위해서 깔아놓은 카페트를 밟고 지나가는 행위 등은 삼가야 한다.

Note

9) 중국

넓은 지역, 많은 인구, 다양한 민족(56개 민족)이 함께 거주하는 특성으로 인하여 대부분의 중국인들은 새로운 상대방에 대한 의심이 매우 많다. 따라서 지연·학연 등 각종 이해관계에 얽힌 '꽌시(關係)'를 중요시하는 경향이 있다. 이는 동일한 집단 내에서는 철저한 신뢰관계가 형성되나 집단 외부에 대해서는 매우 배타적인 태도를 나타내며, 비즈니스 관계에서는 친분 있는 중국인을 통해 업무와 관련된 도움을 받고 소개편지를 통한 관계를 선호한다.

중국인들은 오랜 중화사상으로 자존심이 매우 강하고 체면과 명분을 중시하면서도 매우 실리적인 경향이 나타난다. 특히 체면(面子)을 중시하는 성향은 한국보다 더욱 강하므로 아무리 바쁘더라도 요청하는 행사에 반드시 참석하는 것이 좋다. 반면 공공장소 줄서기에 끼어들거나. 차도에서 무단횡단하는 등 기본질서를 지키지 않는 성향이 많다.

대부분의 중국인들은 먹는 문화를 매우 중시하며 마치 먹기 위해 일한다고 생각될 정도로 먹는 것에 투자를 많이 하는 반면, 중국인들은 일반적으로 입는 것에 신경을 덜 쓰는 편이다. 중국에서는 요리 하나의 양이 매우 많고 요리의 종류 또한 다양해 최소 5~6명이 먹어야 제대로 먹을 수 있다. 따라서 중국인이 초대하는 식사자리에 가면 당사자 외에 예상하지 못했던 많은 사람이 자리를 함께해 식사를 하게 되는 경우가 종종 있다. 그리고 일본이나 서양처럼 개인요리가 정해 주문하는 형식이 아닌 회전 원탁에 하나의 요리를 큰 그릇에 올려 놓고 판을 돌려 가며 각자 그릇에 덜어 먹는 식습관이 발달되어 있다. 보통 식사자리와 술자리는 함께 이루어지며 2~3차 등의 지속적인 술자리는 이어지지 않는다. 술은 첫잔이 일반적이며 식사 시 담배를 즐겨 피우는데, 이때 식사자리에서 담배를 멀리 있는 사람에게 던져주는 것은 중국에서 큰 친밀감의 표시이니 오해하지 않도록 한다.

일반적으로 한국 사람은 의사표현이 직선적이고 의사결정이 빠른 문화에 익숙해서 기다리는 것을 매우 싫어하지만, 중국 사람은 여유(만만디) 문화에 익숙하며 말할 때 빙빙 돌려서 이야기하는 식의 화법이 사용된다. 또한 중국인은 고도의 표정관리가 뛰어나고 'No'라는 의사표시 대신 '考慮(고려하겠다)'라는 표현인 경우가 많고, '好(좋다)' 라고 답

Note

변할 때도 상대방의 표정과 상황을 잘 살펴야 'YES'인지 'NO'인지 알 수 있다.

한국 사회는 잘못을 인정하면 너그러이 용서해주는 것이 일반적이지만 중국은 이와 달리 잘못을 인정하면 용서받기보다는 처벌받기 쉬운 전제 군주체제의 문화가 많이 남아 있기 때문에 일부 중국인은 '미안합니다(對不起).'라는 단어를 잘 사용하지 않으며 잘못을 했더라도 변명조의 이야기가 많다. 이때 중국인이 잘못을 저지르고도 변명조의 이야기만 늘어놓을 경우, 쉽게 흥분하거나 화를 내기보다는 참을성 있게 상대방의 변명을 들어주는 노력이 필요하다.

10) 일본

일본의 업무방식에서는 사내부서 간 협조작업의 경우 반복적인 회의를 통해 한 부서만의 돌출된 행동이 일어나지 않도록 노력하는 태도가 두드러지게 나타난다. 특히 회의나 의견교환 과정에서 상대 의견을 존중하면서 자신의 의견을 주장하되 상대방의 의견을 묵살해서는 안 되며 거래처나 관련 회사간 의견이 다를 경우에는 협의를 통한 조정을 반복해 인내하면서 합의점을 찾아내야 한다. 또한 업무에서 자기만 다른 동료들과 동떨어져 있거나 돌출되는 것은 바람직하지 못하다. 업무는 스포츠와 같이 팀 플레이를 강조하는 집단의식이 강하며, 인간관계나 업무상의 트러블에 큰 소리를 내지 않고, 상대를 제압하려고 하거나 폭력을 쓰지 않고 대화로 해결하려는 성향이 강하다.

타사와의 업무적인 미팅이나 세일즈를 위해서는 반드시 누군가의 소개를 통해 만남이 이루어지는 방식을 선호하고, 예약 없는 면회는 거절당하기 쉽다. 따라서 아무리 좋은 상품이라고 할지라도 신뢰관계가 없으면 성공적인 거래로 이어지기 어렵다.

일반적으로 일본인은 외국인과의 접촉이 그리 많지 않기 때문에 외국인을 꺼려하는 것을 자주 볼 수 있다. 그러므로 처음으로 접촉하는 곳은 아는 일본인을 통한 소개를 바탕으로 접촉하는 것이 일을 원활하게 진행시킬 수 있는 방법이다.

일본인과의 상담 시 약속시간보다 최소한 10분 전에 도착해야 한다. 상황이 여의치 않을 경우, 적어도 방문 5분 전에는 도착하는 것이 기본이다. 약속시간에 늦었을 경우에는 타당한 이유가 있더라고 상대방의 신뢰를 잃게 되는 경우가 일반적이며, 단 한 번의 약속 위반으로 이후의 모든 거래가 중지될 수도 있다. 따라서 작은 약속이라도

Note

반드시 지키는 것이 신용을 쌓는 기본이 된다는 점을 명심해야 한다.

일본인들이 참석하는 교류회는 인맥을 넓힐 수 있는 절호의 기회이므로 가능한 많은 사람과 명함을 교환하고 얼굴을 익혀두는 것이 중요하다. 교류회 다음날에는 회사와 자신을 소개하는 메일을 보내고 이후 상대방의 회사를 방문해 인사하는 기회 등을 만들어 나가며 인맥을 넓혀나갈 수 있는 기회를 가지는 것이좋다.

일본인들 중에는 담배연기를 싫어하는 사람도 많으며, 설사 상대방이 피우고 있더라도 자신은 피우지 않는 것이 좋은 인상을 남길 수 있으므로 일본인과 동석할 경우는 담배를 피우지 않는 것이 좋다. 또한 자리에 앉을 시에는 상석의 위치를 명확하게 파악하고 회의석상에서는 자신의 목소리가 다른 이에게 전달될 정도의 음량으로만 말하는 것이 좋다.

▌우리가 몰랐던 해외의 특이한 문화

1. 얼마 전 대중적인 관심과 사랑을 받았던 포켓몬스터 게임이 사우디아라비아 국가에서는 금지하는 게임이다. 왜냐하면 포켓몬스터 게임에서 사용되는 카드에 그려진 별 모양이 유대교의 표식이랑 유사하여 이슬람 국가인 사우디아라비아는 이를 받아들이지 못한다는 국가의 공식적인 입장 때문이다. 또한 사우디아라비아 정부는 포켓몬스터 게임방식이 아이들에게 유대교를 세뇌시키는 음모로 만들어진 게임이라는 주장을 펼치고 있다.
2. 미국에서는 택시를 탈 때 택시기사의 보조석에는 절대 앉지 못한다. 그 이유는 운전자의 보조석은 개인의 사적 공간으로 인식되어 매우 중요하게 여기는 문화가 택시 탑승 시에도 그대로 적용되기 때문이라 예측할 수 있다. 따라서 택시 보조석은 택시 운전자만의 공간으로 인식되고 있어 꼭 필요한 경우가 아니라면 보조석엔 앉지 못한다.
3. 덴마크에서는 태어난 아이의 이름을 부모가 마음대로 지을 수 없다. 덴마크에서는 정부가 승인한 2만 4천 개의 이름 중에 하나를 선택해야 하고, 정부에 의해 승인된 이름 이외에 다른 이름을 지어주고 싶다면 정부의 허가를 받아야 한다.
4. 현대 남성들은 자신을 꾸미는 일에 매우 적극적이다. 특히 헤어스타일에 관심이 많은 이란 남성들에게 정부는 2010년 적절한 남자 헤어스타일이란 정책을 발표하게 되었다. 이 정책의 세부내용 중 머리를 뒤로 묶는 "포니테일" 스타일과 뒤가 긴 머리인 "멀릿헤어" 등을 금지하는 항목으로 포함되어 있다.
5. 프랑스에서는 케찹 사용을 금지하고 있다. 이 내용은 특별히 초등학교 식당에서만 금지된다. 이유는 아이들이 케찹을 지나치게 먹으면 프랑스 전통요리의 맛과 미학을 이해하는 데 어려움이 생길 수 있다는 주장으로 프랑스의 초등학생 어린이들은 오직 일주일에 한 번 감자튀김을 먹는 날에만 케찹을 먹을 수 있다.
6. 호주에서는 가슴 A컵 이하는 성인물에 출연이 금지되어 있는 특별항목이 있다. 이것은 가슴이 작은 여자가 성인물에 출연했을 경우, 신체적으로 성숙하지 않은 19세 이하의 아동 및 청소년을 연상시킬 수 있다는 이유이다.

Note

생각해보기

1. 잘못된 의전방식의 사례를 찾고 발표해 보자.

2. 서양국가와 동양국가로 구별한 뒤, 의전방식의 공통점과 차이점에 대해 연구해 보자.

REAL IMAGE CASTING

10
품격 있는 비즈니스 Skill

제10장 품격 있는 비즈니스 Skill

Note

1. 사내 · 사외 직장매너(Business meeting & Options)

직장이라는 곳은 서로 다른 사람이 만나 공동의 목표를 가지고 일하는 곳이다. 좋은 직장이란 조직원에 대한 애정과 원활한 관계를 유지하기 위해 배려하고 서로를 격려하면서 목표를 이루고 성장하는 곳이 직장이라고 할 수 있다.

미국 카네기 재단에서 성공한 사람 일만 명을 대상으로 5년 동안 '성공의 비결'을 물었더니 응답자의 85%가 '인간관계를 잘했기 때문'이라고 답했다. 또한 미국의 콜롬비아 대학교 MBA 과정에서 우수기업 CEO를 대상으로 '당신이 성공하는 데 가장 큰 영향을 준 요인은 무엇인가'라고 물었더니 놀랍게도 능력, 기회, 행운 등이 아니라 '매너'를 꼽았다.

그만큼 직장 내에서 사람들과의 관계는 중요하며 그 관계가 원만히 이루어지기 위해선 상식적인 예절과 서로를 배려하는 마음이 필요하다.

상대방의 가치를 인정해주고, 상대방의 입장에서 생각하며, 자기중심적인 태도에서 벗어나 밝고 긍정적으로 생활한다면 성공적인 사회생활과 좋은 인간관계를 맺을 수 있을 것이다.

Note

1) 인사

(1) 목례

목례는 서로 눈이 마주쳤을 때 말없이 고개를 끄덕이며 눈으로 하는 인사이다. 화장실, 목욕탕, 사우나실 등 개인적인 프라이버시가 중요시되는 상황에서 아는 사람을 만나거나 또 다시 인사를 해야 할 경우 꾸벅 인사하는 예의를 갖추게 된다. 일반적으로 회의 중, 복도통행 시, 식당, 엘리베이터, 복도 등에서 자주 사용된다.

(2) 보통례

보통 많이 사용하는 일반적인 인사로 허리를 30도 정도 구부려 하는 인사이다 남자는 두 다리를 모으고 계란주먹으로 허벅지 양옆에 붙이고 여성은 공수자세로 오른쪽 손으로 왼손을 감싸고 인사를 한다.

(3) 정중례

서서하는 인사로는 가장 정중한 인사예법이다. 방법은 보통례와 동일하며 약 45도 이상으로 허리를 굽혀 인사한다. 감사의 표현을 할 때, 사과의 뜻을 전할 때 주로 사용된다. 일반적으로 백화점의 오픈 인사와 항공기 탑승 시 받는 인사방법이다.

▌사례 예시 1

1. 상사나 동료들과 만날 때마다 인사를 해야 하나요.
   사무실에서 근무하다 보면 상사나 동료들을 자주 마주하게 됩니다. 자주 본다고 해서 서로 처다만 보고 지나쳐 버리면 어색하므로 처음 만났을 때 인사를 했더라도 다시 만나게 될 때는 밝은 표정으로 목례를 하는 것이 좋습니다.
2. 작업 중일 때는 인사는 어떻게 하나요.
   일하는 도중에 상사나 손님들을 대면해야 하는 경우가 흔히 있습니다. 이때 인사를 할 정도의 이유가 있다면 상황에 맞게 가볍게 목례를 하면 됩니다. 그러나 도저히 인사를 할 수 없는 경우에는 하지 않아도 좋습니다.
3. 화장실에서 만났을 때 인사는 어떻게 하나요.
   화장실에서 만났을 경우에는 인사하지 않고, 다만 눈이 마주칠 경우에는 가볍게 목례를 하는 것이 좋습니다.

Note

2) 화법

(1) 호칭

외국 사람, 특히 북미나 유럽 사람들은 일단 인사를 하고 조금 친숙해지면 자신의 First Name, 즉 이름을 불러달라고 한다. 특히 더욱 친숙한 관계에서는 애칭을 부르면서 평등한 관계에서의 친밀감을 중요시한다.

(2) 소개법

쌍방을 아는 소개자나 중개자가 있을 때 나이가 어린 사람이나 직위가 낮은 사람을 먼저 연장자나 높은 사람에게 소개한다. 만약 중개자 없이 자신을 직접 소개할 때는 자신의 이름을 밝히면서 상대방에게 말을 건네도록 한다. 일단 상대방의 이름을 알고 나면 대화 중 상대방의 이름을 자주 사용하는 것이 예의이다.

3) 명함 사용법

악수를 하기 전에 명함을 먼저 제시하는 경우가 있는데, 이는 서양에서는 바람직하지 않다. 한국에서는 비즈니스로 만난 사람과는 바로 명함을 주고 받는 것이 예의지만 서양인들에게 명함은 그리 중요한 의미를 차지하지 않는다. 명함은 단지 서로 충분한 대화를 나눈 후 다시 연락을 할 필요가 있을 때 전화번호와 주소 등을 적는 메모 이상의 역할을 하지 않는다. 일본인들과 인사를 할 때는 미리 명함을 꺼내어 준비한 후, 자신의 이름을 말하며 명함을 주는 동시에 허리를 굽혀 인사를 한다.

Note

(1) 주의해야 할 대화 예절

① 지나치게 큰 소리로 말하지 않는다.

② 상대방의 말하는 도중에 끼어들어 말을 가로막지 않는다.

③ 외국어나 어려운 전문용어는 가급적 피한다.

④ 째려보면서 말하지 않으며 아이컨텍을 중요시한다.

⑤ 자신의 자랑을 늘어놓지 않는다.

⑥ 정치나 종교문제는 대화로 적절하지 않다.

⑦ 반복해서 같은 말을 여러 번 하는 것으로 상대를 지루하게 하지 않는다.

4) 출퇴근 및 보고 예절

(1) 출근 시 직장 예절

① 직장인은 옷차림에 신경써야 한다. 여름철 민소매나 짧은 치마, 반바지는 가급적 피한다.

② 여유를 가지고 출근시간 20분 전에는 도착하여 업무준비를 한다.

③ 오전, 오후 만나는 모든 직원에게 인사를 통하여 상대와의 커뮤니케이션을 한다.

④ 지각 시에는 상사에게 도중에 연락하여 정중하게 양해를 구한다.

(2) 근무 시 직장 예절

① 항상 예의바르고 활기차게 업무를 시작하고 마무리한다.

② 회시 내에서 사적인 일을 하지 않으며 사적인 통화는 사무실 밖으로 나가서 한다.

③ 비품이나 소모품 등의 자원을 아끼며 개인적으로 사용하지 않는다.

④ 근무시간에는 자리를 비우지 않는다. 만약 자리를 비워야 할 경우에는 직속 상관이나 사수에게 반드시 말하고 자리를 비운다.

(3) 퇴근 시 직장 예절

① 퇴근 준비는 근무시간이 끝난 후부터 한다. 시간 전부터 서두르는 것은 삼가한다.

② 오늘 업무 처리할 일을 체크하고 내일 해야 할 일들을 반드시 점검한다.

Note

③ 퇴근 시 주위를 정리하고 상사에게 "도와드릴 업무가 있습니까?"라고 물은 후 퇴근한다.

5) 업무지시할 때와 받을 때

(1) 지시할 때

① 결론을 먼저 말하고 설명이 필요한 부분은 결론 후에 첨가한다.

② 지시내용은 육하원칙에 의하여 알기 쉽고, 명확하게 지시한다.

③ 명령투의 말보다는 의논하는 형식으로 부드럽게 지시한다.

(2) 지시받을 때

① 상사가 호명하면 똑똑하게 대답하고 메모지를 준비해서 간다.

② 끝까지 경청하고, 의문사항이 있으면 메모하여 끝나면 질문한다.

③ 육하원칙에 따라 기록한 후 요점을 다시 한 번 얘기하고 확인한다.

(3) 보고할 때

① 일을 완료한 즉시 보고한다.

② 요점은 간단하게 기록한다.

③ 보고는 지시한 사람에게 하고 중간보고는 반드시 이행한다.

④ 업무가 완료되기까지 상당한 시간이 걸릴 때, 상황이 변했을 때, 해결하기 어려운 문제가 발생했을 때, 지시된 방침이나 방법으로 불가능할 때 반드시 중간보고를 통하여 전달한다.

⑤ 사실에 의하여 객관적으로 보고하되 의견을 말할 때는 자기의 견해라는 것을 분명하게 밝힌다.

Note

6) 회의할 때

(1) 회의의 목적을 이해하고, 회의시작 5분 전에 반드시 자리에 앉으며 필기도구를 준비한다.
(2) 회의 중 요점은 간단하게 기록한다.
(3) 다른 사람의 의견을 끝까지 경청하고 자신의 의견은 구체적으로 이야기한다.

7) 이석과 외출

(1) 이석

근무 중 자리를 비울 때는 반드시 상사나 옆자리에 있는 동료에게 전달해야 한다. 오랜 시간 자율적으로 자리를 비우는 것은 공동체 조직에서 큰 실례이다. 5분 이내 외출은 알리지 않더라도 30분 이상의 외출은 상사의 수락을 통하여 이석한다.

(2) 외출

외출 시 행선지를 분명히 전달하고 휴대전화와 목적지, 그리고 귀사시간을 조직 내 알림판에 작성하거나 혹은 동료와 반드시 공유한다. 외출 시 회의가 지연되거나 예상치 못한 일이 발생했을 경우 그 사실을 반드시 회사 내 동료 혹은 상사에게 전달하여 업무상황을 공유한다. 업무 이후 집으로 귀가하게 될 경우도 상사의 수락을 통해 결정한다.

8) 결근

결근이나 휴가의 경우 업무흐름의 방해를 막기 위하여 미리 상사의 수락을 통하여 일정을 조율하도록 한다. 갑작스런 휴가를 내야 하는 경우에는 상사에게 부득이한 상황을 이야기하여 수락 후 휴가를 받도록 한다. 여름휴가의 경우 조직 구성원의 협의를 통하여 결정하게 되므로 단독으로 휴가를 계획하지 않는다.

Note

9) 지각이나 조퇴

(1) 지각

예상하지 못한 사정으로 출근시간에 늦을 시 상사와 동료에게 현재의 상황을 보고하여 업무에 차질이 없도록 한다. 지각의 부득이한 상황을 간단한 사과와 함께 출근예정시간을 알리도록 한다. 출근 시까지 걸려올 전화나 업무처리 내용을 동료에게 협조를 구하여 사전조치 또한 필요하다.

(2) 조퇴

건강이 좋지 않을 경우나 급한 일의 발생으로 조퇴를 하게 될 시 상사에게 승낙을 받은 후, 업무 마무리에 최선을 다하여 동료에게 업무협조를 요청하여 사전조치를 취한다.

10) 회의

(1) 회의 준비 시

회의시간 10분 전에 참석할 수 있도록 업무를 조율하고 늦지 않도록 한다. 회의 참석자에게 참석여부를 확인한다.

(2) 회의 목적 알려주기

회의를 주최하는 입장이라면 회의 참석 대상에게 회의 목적을 먼저 알려준다. 정기적인 업무보고나 분기별 성과보고, 그리고 프로젝트 진행현황 등 다양한 내용이 있으므로 회의를 주최하는 입장이라면 참석자 전원에게 어떤 목적으로 회의가 소집되는지를 알려야 한다.

(3) 브레인스토밍 기법 활용하기

회의 중 새로운 아이디어를 내야 하는 상황이 발생한다. 이럴 때 참석한 사람들이 순차적으로 자신의 아이디어를 내고 진행자가 기록해가며 진행한다면, 다양한 아이디어 속에서 좋은 내용을 창출할 수 있고 회의 진행속도도 빠르게 되어 성과 있는 회의가 이루어진다.

(4) 감정이 상하지 않는 비판과 비난 금지

회의를 하면서 서로의 의견이 일치하지 않거나 자신의 주장만을 할 경우 진행의 어려움을 겪게 된다. 기본적으로 상대방의 의견에 고정관념을 버리고, 비판과 비난보다는 경청 후 자신의 추가적인 의견을 표현하는 감정이 상하지 않는 화법을 사용한다.

(5) 결론 해결을 제시한다.

회의를 할 때 개인적인 이야기로 시간을 지체하거나 서론이 긴 대화는 자세한다. 진행자의 명확한 정리와 결론 맺음이 중요하다.

▌사례 예시 - 2 - 활용하기 좋은 경어 사용 사례

1. 특징을 말해 주시지요. (X) - 특징을 말씀해 주십시오. (0)
2. 몇 시쯤 옵니까? (X) - 몇 시쯤 오십니까? (0)
3. 어서 먹으시지요. (X) - 어서 드십시오. (0)
4. 그 자리는 비어 계십니까? (X) - 그 자리는 비어 있습니까? (0)
5. ㅇㅇ씨 들어왔으면 전화해주십시오. (X) - ㅇㅇ씨, 들어오셨으면 전화 해주십시오. (0)
6. 팀장님, 집에서 전화 왔는데요. (X) - 팀장님 댁에서 전화왔습니다. (0)
7. 과장님, 팀장님이 오시래요. (X) - 과장님, 팀장님께서 오라고 하셨어요. (0)
8. 팀장님, 과장님이 늦으신다고 합니다. (X) - 팀장님 과장이 늦는다고 합니다. (0)

Note

Note

2. 온라인과 오프라인 전화, 이메일

1) 전화매너

직장생활에서의 전화는 고객이 느끼는 회사의 첫 이미지이다. 밝고 즐거운 표정에서 친절한 음성이 나오므로 회사 내 전화가 울리면 성의를 표시하여 기쁜 음성으로 받는다.

(1) 걸려온 전화에 수화기를 들 때

자신 있고 밝은 음성으로 받는다.

"감사합니다. ○○회사 ○○팀 ○○○입니다." 또는 "안녕하십니까? ○○회사 ○○팀 ○○○입니다."

(2) 전화벨이 세 번 이상 울리고 받았을 때

일반적으로 고객을 기다리지 않게 하려는 배려에서 회사 내 모든 벨은 세 번 이상 울리기 전에 받는다.

"늦게 받아 죄송합니다. ○○회사 ○○팀 ○○○입니다." 또는 "오래 기다리게 해드려 죄송합니다. ○○회사 ○○팀 ○○○입니다."

(3) 상대방이 먼저 자신의 이름을 밝힌 경우

전화를 건 상대가 먼저 나의 이름을 부를 경우, 전화를 받은 사람도 상대의 이름과 직급회사 등을 언급하여 반가움을 표현한다.

"안녕하세요? 항상 저희 회사를 찾아 주셔서 감사합니다."

"○○사의 ○○○님이시군요! 항상 저희 회사를 찾아 주셔서 감사합니다."

"○○○님, 항상 저희 회사를 찾아 주셔서 감사합니다."

(4) 다른 사람과의 전화연결을 원할 때

해당 부서나 찾고자 하는 곳으로 직접 전화를 하지 못하는 고객의 전화를 받게 될 시 찾는 직원의 이름과 직급 소속을 확인 후 연결해 드리겠다는 의사를 표현한 후 고객의 동의하에 연결한다.

"네. 인사팀 ○○○ 대리 말씀이시죠? 잠시 기다려 주시면 연결해 드리겠습니다."

"네. 인사팀 ○○○ 과장 말씀이시죠? 잠시 기다려 주시면 연결해 드리겠습니다. 연결 시 전화가 끊어지면 1234번으로 다시 거시면 됩니다. 연결해 드리겠습니다."

(5) 어려운 상황의 전화를 응대하게 되었을 때

업무쯤 통화가 어려운 전화를 받게 되는 경우 상대방의 탓으로 돌리지 않는다.

① 상대방의 목소리가 들리지 않는 경우

"죄송합니다. 전화 감이 먼 것 같습니다. 죄송하지만 다시 걸어주시겠습니까?"

"전화 상태가 매우 좋지 않아 고객님 목소리가 잘 들리지 않습니다. 불편하시겠지만 다시 한 번 걸어주시겠습니까?"

② 방금 상대방의 이름을 들었는데 잘 못알아 들었거나 기억이 안 나는 경우

"죄송합니다. 전화 상태가 좋지 않아 성함을 잘 듣지 못하였습니다. 다시 한 번 말씀해 주시겠습니까?"

③ 다른 통화가 길어져서 걸려온 전화를 응대하지 못하는 경우

"고객님 혹은 ○○○님 우선 걸려온 전화를 마치고 바로 전화 드려도 괜찮으실까요?"

Note

④ **개인적 관계의 지인이 업무전화로 했을 경우**

"전화 주셔서 반갑습니다. 이 번호가 업무전화이므로 제가 개인전화로 업무시간 이후에 통화를 드려도 되겠습니까?"

(6) 전화의 공통 매너

① 친절한 음성 응대가 회사의 이미지와 업무에 효과적이다.

② 건방지거나 불안정한 자세보다 단정한 자세가 상대에게 안정된 음성을 전달한다.

③ 용건을 마친 후 상대방이 전화를 끊은 후 수화기를 내려 놓는다.

④ 잘못 걸려온 전화의 경우 불쾌함의 표현을 삼간다.

⑤ 업무로 인하여 걸려온 전화를 바로 응대하지 못할 경우 양해를 구하고 몇 시에 다시 연락을 하겠다는 양해를 구한다.

⑥ 자리를 비운 동료를 찾을 경우 전화가 걸려온 곳의 회사명과 성함 연락처를 묻고 기록하여 동료의 자리에 전화받은 사람 이름과 시간을 기록하여 남겨 둔다.

⑦ 회의 중 급하게 걸려온 전화를 받을 경우 상사에게 양해를 구하거나 회의 진행자에게 양해를 구하고 나가서 받는다.

⑧ 사무실에서 개인의 휴대폰이 벨소리로 울릴 경우

비즈니스 시 진동 혹은 무음으로 설정해 상대에게 불편함을 주지 않는 전화매너를 가져야 한다. 벨이 울렸을 시 업무내용이 아니라면 업무 후 통화를 하겠다고 종료하거나 중요한 내용이라면 나가서 받는 것으로 한다.

⑨ 자리를 비운 동료의 휴대전화가 울릴 경우

자리를 비운 동료가 휴대폰을 벨소리로 놓고 나간 경우 "○○○님 휴대전화입니다. 자리를 잠시 비우셨는데 메모를 남겨드릴까요?"라고 묻고 동료에게 전달한다. 일반적으로 진동이나 무음으로 한 전화가 울릴 시 개인전화는 가급적 받지 않는 것이 매너이다.

Note

3. 이메일 매너

1) 이메일 작성 시

업무적인 이메일을 작성할 경우 우선적으로 자신의 이메일 닉네임을 살펴본다. 대학 시절 정해놓은 우스꽝스러운 닉네임이나 친구들이 지어준 별명이 남아있는 경우 상대에 대한 무례함으로 보여질 수 있다(예 발신자 닉네임이 '나당', '나최고', 나멋져, '해피바이러스' 등). 이때는 자신의 실명을 사용하여 이메일을 발송한다. 또한 상대방에게 기억되고 싶거나 업무상 강조하고 싶은 내용이 많더라도 과장된 제목이나 혹은 "안녕하세요"의 제목으로 상대방이 불쾌감을 느끼거나 읽어보지 않는 경우를 만들지 않는다. 보내는 사람과 이메일의 제목으로 열어볼지 아닐지를 결정할 수 있으므로 제목에 성의를 표현한다.

"○○○ 과장님, ○○팀 결산보고서입니다. 확인요청 드립니다."

"○○○ 팀장님 ○○회사 ○○○대리입니다."

실제 업무내용을 유추할 수 있는 제목으로 선택하여 메일을 발송한다.

2) 내용에 이모티콘 사용

이메일은 글로서 상대에게 전달하는 회사와 자신의 이미지가 된다. 비즈니스에서 상대에게 메일을 보내는 경우 경어체 사용과 정중한 표현을 지킨다. 이모티콘 사용은 미숙하거나 업무처리의 불안성을 예시할 수 있으므로 사용하지 않는다.

3) 이메일의 도착 확인

비즈니스 메일은 보낸 후 가급적 상대에게 바로 연락을 취하여 메일을 보냈음을 표현하고 확인을 요청하는 것이 바람직하다. 주말인 경우 SNS를 통하여 연락하는 것도 방법이 된다.

Note

4) 이메일을 잘못 보냈을 경우

비즈니스에서 큰 결례가 된다. 메일을 보낸 후 잘못 보낸 것을 바로 알게 되었다면 수정메일을 보내어 정중하게 사과하고 양해를 구해야 한다. 이름 표기를 잘못하지 않도록 받은 명함이나 회사 홈페이지를 통한 확인절차를 분명히 해야 하며, 잘못 표기하였을 경우 정중한 사과를 반드시 한다.

5) 상대방의 메일 용량 초과로 전달이 되지 않는 경우

비즈니스에서 난처한 일이지만 상대에게 전화를 통하여 메일의 발신이 용량초과로 안 됨을 정중히 알리고 재발신 후 메일이 도착하였는지 확인을 반드시 한다.

6) 회신메일을 보낼 경우

비즈니스 메일은 시간적 여유가 부족한 경우가 많으므로 메일을 받은 즉시 회신하는 것이 기본이 된다. 출장 중이거나 외부의 업무처리 중이라면 일정을 마치고 혹은 회신메일을 몇 시까지 보내겠다는 약속메일을 간단히 하는 것도 바람직하다.

4. 팩스

1) 팩스 발신

비즈니스에서 자주 있는 팩스 전송은 가장 앞에 표지양식을 작성하는 것이 기본이다. 송부용 팩스의 전체 페이지 수를 표기하고 발신자와 수신자를 표기하여 정확한 전달을 한다.

Note

2) 팩스 수신

팩스가 들어오다 끊어지는 경우가 자주 있다. 상대에게 전화를 통하여 전송이 중단되었음을 정중히 표현하고 양해를 구하여 다시 발송해주기를 요청한다.

3) 팩스 내용

중요한 부분은 글자체를 크게 하거나 굵은 글자를 활용하여 비즈니스에서 한눈에 들어오게끔 배려를 하는 것도 중요하다.

4) 팩스 확인

수신된 팩스가 많을 경우 섞여 있는 내용들로 자신이 필요로 하는 내용의 서류가 분실될 우려가 있으므로 팩스는 수신 후 바로 확인하여 업무처리를 한다.

5. SNS

1) 문자메시지

비즈니스에서 우리가 흔히 사용하는 '깨톡'은 금한다. 문자를 통하여 내용을 전달하게 되는데 정확한 맞춤법을 사용하고 줄임말을 사용하지 않으며, 띄어쓰기와 경어체 표현을 지킨다. 또한 이모티콘이나 'ㅠㅠ', 'ㅋㅋ' 등의 사용으로 상대에게 미숙함과 가벼움을 전달하지 않는다.

2) 소셜을 이용한 네트워크

우리가 흔히 활용하는 여러 계정에 비즈니스 관련하여 링크가 되는 경우가 있으므로 자신의 홈페이지나 계정에서 활동하는 모든 내용을 상대가 읽거나 볼 수 있다. 자신

Note

의 활동이 상대에게 불쾌감이나 실망 혹은 생각했던 사람으로 비춰지지 않는다면 비즈니스 성사가 쉽지 않을 수 있으므로, 평소 건전한 단어와 내용들로 계정관리를 하는 것이 도움이 된다.

3) 문자메세지 알림음

일반적인 모드로 사용하는 것이 대부분이다. 사무실에서는 가급적 진동이나 무음을 통하여 상대의 업무방해가 되지 않도록 한다.

4) 상사와의 문자메시지

상사에게 문자메시지는 수직적 구조에서는 일방적인 통보라고 받아들여지기 쉽다. 상사와의 소통은 간단한 내용이더라도 직접적인 대면이나 유선을 통하는 것이 바람직하다.

5) 비즈니스 문자메시지 분량

비즈니스 문자에서 많은 내용을 작성하여 문자로 전달할 경우 이메일이나 대면, 유선통화를 통하여 전달하는 것이 바람직하다. 음성전달과 글의 전달은 상대에게 느낌이 다르므로 중요한 내용일 경우 정확한 전달방법을 선택하는 것이 필요하다.

6) 상사나 동료의 계정의 댓글을 작성할 경우

여러 계정들로 네트워크를 관리하는 비즈니스인들의 경우 서로에게 호감과 대인관계 유지의 표시로 댓글을 작성하는 경우도 발생하게 된다. 계정을 통하여 상대에게 나의 댓글을 전달할 경우 역시 경어체와 정중함을 표현하여 비즈니스 관계에서의 예의를 갖춘다. 상황에 따라 센스없는 사람으로 보여지게 될 경우도 있으므로, 비즈니스에서 친분이 쌓아진 관계로 발전 시 재미나 기분이 담겨진 표현도 고려할 수 있다.

Note

▌공연의 3가지 에티켓

비즈니스를 목표로 하여 각 나라에 방문 시 간혹 유럽에서는 공연을 함께 권하기도 한다.

1. 음악회의 경우 음악이 완전히 끝날 때까지 박수를 치지 않는 것이 원칙이다.
   - 박수를 쳐야 할 때 TIP!
   - 오페라, 연극, 발레- 막이 내린 후
   - 오페라 아리아나 발레의 독무가 끝날 시
   - 성악 - 일반적으로 3곡마다
   - 기악곡 - 마지막
2. 남녀 동반의 관람인 경우 남성이 앞장서서 여성을 지정 좌석열까지 에스코트한다.
3. 앙코르 방식은 나라마다 다르다. 예시로 미국은 “앵콜”, 러시아는 “브라보”, 한국은 “앵콜”

REAL IMAGE CASTING

11

글로벌 파티(Global party)

제11장 글로벌 파티(Global party)

Note

1. 서양식 파티의 의미와 종류

고대 여러 나라 중 이집트에서의 파티는 연회 형태의 파티가 성행했으며, 미라를 연회에 공개적으로 보여주면서 사후세계에 대한 믿음을 표현했다. 그리스에서의 파티는 민주주의 사회의식을 바탕으로, 소파에 누워서 식사를 하였고, 여성은 무희나 시녀 등 한정된 사람만 참석 가능했고, 남성만이 손님으로 참석하였다. 로마의 향연은 개인사택에서 개최했으며, 참석자들은 남성 중심이었다. 그러나 궁전시대에는 식탁에 여성들이 함께 앉아 식사하기 시작했다.

중세시대는 상류층을 중심으로 여전히 성대한 파티가 이어졌고 악사와 연주와 노래, 무희들의 춤과 다채로운 꽃장식 및 음식들로 이루어져 고대시대보다 파티가 더 사치스러워졌다.

근세의 르네상스 시대에 파티가 절정에 이르고, 여성이 중심이 되고, 여성 주인인 마담을 중심으로 이루어지는 파티인 살롱이 성행하였다. 바로크 시대에는 파티가 단순한 인간관계 및 만남의 자리가 아니라 정치적 수단으로 사용되었으며, 그 규모가 점점 커지는 형태를 갖추었다. 로코코 시대에는 상류층 여성이 남성과 함께 만찬을 즐기는 것이 가능해졌고, 중류층 여성은 가족모임이나 다과회에 남성과 동석하며, 신분이 낮은 여성은 남성과 동석하지 못했다. 이 시기 연회는 대형에서 소형으로 전환되는 모습을 나타냈다.

근대시대의 파티는 오후의 티파티를 중심으로 성행하였고, 부르주아 계급들은 자신의 사회적 지위를 과시하기 위하여 가정 내에서 파티를 열기 시작했다. 이 시기는 파티와 관련된 매너방식도 정착되기 시작했다.

현대의 파티는 매너리즘에 빠지기 쉬운 일상에서 일탈을 원하며, 새로운 사람들을 만남의 커뮤니케이션의 장으로 파티가 이루어지고 있다. 그 종류와 형태 또한 다양하게 나타나고 있다.

Note

서양식 파티는 칵테일과 간단한 안주를 준비하고 공식적인 행사 뒤에 만남의 시간을 이어가는 칵테일 파티와 집 뒤뜰이나 공원에서 고기를 구워 먹는 형식의 바비큐 파티, 참석자 각자가 음식을 분담하여 준비한 뒤 나누어 먹는 형식의 Potluck 파티 등의 모임 형식이 있다. 그리고 성탄절 즈음 멀리 떨어져 있는 가족들이 한자리에 모이고, 친구나, 회사동료 등이 함께 서로 선물을 주고 받으며 파티를 즐기는 크리스마스 파티와 10월 30일 영혼들이 세상에 내려온다는 날로, 아이들은 귀신이나 마녀복장을 하고 이집 저집 돌아다니며 사탕을 얻고, 저녁에는 가까운 사람들끼리 모여서 호박의 속을 파고 안에 불을 넣어서 만든 Jake-o'-lantern을 켜고 파티를 여는 할로윈 파티, 미국의 경우 11월 넷째 목요일 칠면조 구이를 놓은 정찬을 차려놓고 파티를 즐기는 Thanks giving 파티, 멀리 떠나 있던 사람이 고향, 집 또는 모교를 방문하는 Home-coming 파티, 해산을 기다리는 산모에게 아기용품을 전달하는 주로 여성을 중심으로 하는 Baby shower 파티, 결혼 전날밤 신랑 친구들이 신랑을 위해 열어주는 요란한 형식의 Stag(수사슴이라는 뜻) 파티, 반대로 신부를 위한 Hen(암닭이라는 뜻) 파티 등 특정일과 관련된 파티 형식도 이루어지고 있다.

2. 서양식 파티매너

파티에서 참석자를 소개할 경우, 먼저 연로자나 상위자의 이름을 부른 후 연소자나 하위자 소개하는 것이 좋다. 예를 들어, 'Mr. Ambassador, May I introduce Mr.~' 라고 표현할 수 있다. 이때 소개순서는 연소자나 하위자를 연로자나 상위자에게, 남자를 여자에게 소개한다.

여러 사람들과 인사 후 악수를 나눌 때는 윗사람이 먼저 손을 내밀었을 때만 악수를 하는 것이 좋다. 남자가 여자에게 소개되었을 때는 여자가 먼저 악수를 청하지 않는 한 악수를 하지 않는 것이 일반적이며, 악수는 서양식 인사이므로 악수를 하면서 우리식으로 허리를 굽혀 예의를 나타내는 절까지 할 필요는 없다. 또한 악수를 하고 있는 손을 다른 손으로 감싸는 행위도 올바르지 못한 악수매너이다.

악수의 다른 형식으로 유럽의 프랑스, 이탈리아 등 라틴계나 중동아시아 지역 사람

Note

들의 친밀한 인사표시로 포옹을 하는 경우, 신사가 숙녀의 손에 입술을 가볍게 대는 것을 Kissing hand라고 부른다. 이때 여자는 손가락을 밑으로 향하도록 손을 내밀며, 자연스럽게 응하는 것이 좋다.

공식적인 파티의 경우 명함을 주고 받는 경우가 있다. 이때 명함용지는 순백색이 일반 관례이며, 너무 얇거나 두꺼운 것은 피하는 것이 좋다. 인쇄 방법은 반드시 흑색 잉크를 사용하여야 하며 금색 둘레를 치거나 기타 색채를 사용하지 않고, 흑색 잉크를 사용하고 필기체로 작성하는 것이 관례이다.

명함은 원래 남의 집을 방문하였다가 주인을 만나지 못했을 때에 자신이 다녀갔다는 증거로 남기고 오는 쪽지에서 유래되었다. 그러나 이러한 습관이 현재 많이 변하여 선물이나 꽃을 보낼 때, 소개장, 조의나 축의 또는 사의를 표하는 메시지 카드로 널리 사용되고 있다. 그러나 우리나라에서는 상대방과 인사하면서 직접 명함을 내미는 관습은 서양에는 나타나지 않으며, 명함을 내밀 때는 같이 교환하는 것이 예의이다.

서양의 파티문화에서 나타나는 독특한 문화는 레이디 퍼스트이다. 서양의 에티켓은 기독교 정신이나 중세의 기사도에 바탕을 두고 'Lady First(숙녀존중)'의 개념을 바탕으로 형성되었다. 따라서 신사는 무엇보다도 'Lady First'의 몸가짐을 몸에 익히고 실행하는 것이 중요하다.

레이디 퍼스트 매너란, 서양에서는 방이나 사무실을 출입할 때 언제나 여성을 앞세우고, 길을 걸을 때나 자리에 앉을 때는 언제나 여성을 오른쪽에, 또 상석에 앉히는 것이 원칙이다. 문을 열고 닫을 때 뒤에 오는 사람을 위해 잠시 문을 잡아 주는 것은 여성에 대한 것뿐 아니라 일반적 예의이며, 승강기를 탈 때는 남성은 아주 복잡하지 않는 한 여성이나 어린이, 그리고 노인을 앞세운 후 타고 내리는 것이 매너이다.

식당이나 극장 · 오페라에서는 안내인이 있을 때는 여성을 앞세우나, 안내인이 없을 때는 남성이 앞선다. 또한 여성을 먼저 좌석에 안내하고 길을 걸을 때나 앉을 때에 남성은 언제나 여성을 우측에 두는 것이 에티켓이다. 그러나 차도가 있는 보도에서는 남성이 언제나 차도쪽으로 선다. 이렇듯 서양에는 'A lady on the left is no lady.'라는 말까지 있을 정도로 이러한 레이디퍼스트 문화가 실생활에서 적용되고 있다.

호텔에서 여자 혼자 남자손님의 방문을 받았을 때는 로비(Loby)에서 만나는 것이 원칙이며, 본인 방에서 만나는 것은 자칫 오해를 받기 쉬우므로 지양하는 것이 좋다. 부

Note

득이하게 방에서 만나야 할 때는 출입문을 조금 열어놓는 것이 에티켓이다. 겨울철에 여성이 외투를 입고 벗을 때는 남성이 꼭 도와주어야 하며, 식당이나 극장에서 외투를 벗어 옷장에 맡길 때나 찾을 때도 남성이 맡기고 찾는 것이 예의 있는 행동이다.

서양 에티켓에서 '숙녀는 결코 오만불손해서는 안 되며, 언제나 친절 · 선의 · 품위 · 총명 · 절도 · 예의 등을 갖고, 우아하고 아름답게 행동할 것'을 강조하고 있다. 서양 문화권의 나라를 방문하는 한국 여성들 중에는 이러한 '레이디 퍼스트' 대접을 받을 때, 오랫동안의 습관 탓으로 친절을 그대로 받아들이지 못하고 우물쭈물 눈치를 살피는 모습을 나타내는 경우가 있는데 '레이디 퍼스트' 대접을 받으면 미소를 짓고 "Thank you!" 하면서 가볍게 목례를 하고, 부담 없이 호의를 받는 것이 가장 좋은 예의임을 잊지 말아야 할 것이다.

3. 서양의 테이블 매너

서양식 파티에 초대받은 경우 남자 손님들은 자기 좌석의 의자 뒤에 서 있다가 자리 오른쪽 좌석의 부인 또는 동행한 여성이 앉도록 의자를 뒤로 빼내어서 도와주고, 모든 여자 손님이 다 앉은 다음에 착석한다. 착석 후 손목을 식탁에 가볍게 놓은 것은 문제가 되지 않으나, 팔꿈치를 식탁 위에 올려 놓는 것은 무례하게 여겨진다. 또한 테이블에서 팔짱을 끼거나 머리털을 만지는 것은 금기되고, 양다리는 되도록 붙이고 의자의 뒤로 깊숙이 앉는 것이 올바른 자세이다.

또한 식탁 밑에서 다리를 앞으로 뻗거나 흔드는 것은 예의에 어긋나며, 특히 신발을 벗어 책상다리를 하고 앉는 것은 금기사항이니 주의해야 한다.

식사 중 사람을 가리키면서 손가락질을 하거나 나이프나 포크를 들고 물건을 가리키는 것은 좋지 않으며, 포크나 나이프를 들고 흔들며 대화하는 것도 금물이다.

식사 시에는 옆 사람과 자연스럽게 대화를 이어가고, 옆 사람 너머로 멀리 있는 사람과 큰 소리로 이야기하거나 너무 혼자서만 대화를 독점하는 것 또는 반대로 침묵만을 지키는 것도 실례가 되는 행동이다. 또한 식탁에서 이루어지는 대화가 지루하더라도 몸을 틀거나 자주 시계를 들여다보는 행동은 조심해야 한다.

Note

서양에서는 '손가방을 들지 않은 여성은 알몸의 여인과 같다.'는 말이 있을 정도로 손가방은 서양 여성의 필수품으로 여겨진다. 그러므로 식사 도중 손가방은 자신의 등 뒤에 놓는 것이 좋고 식탁 위에 놓는 것은 좋지 않은 행동이다.

식탁에서 큰 소리를 내거나 웃는 것은 좋지 못하며, 실수해서 재채기나 하품을 했을 경우에는 사람에게 "Excuse me."하고 사과를 하는 것이 좋다. 그러나 코를 푸는 경우에는 사과할 필요가 없다.

식사가 마무리된 후 식탁에 이쑤시개가 준비되어 있는 경우라고 할지라도 식탁에 앉아서는 이쑤시개를 쓰지 않는 것이 예의이다. 간혹 일부 여성들은 식후에 식탁에서 화장을 고치거나 하는 행동을 볼 수 있는데, 개인적인 용무는 반드시 화장실에 가서 처리하는 것이 좋다.

식탁에서 냅킨을 사용할 경우, 냅킨은 반을 접은 쪽이 자기 앞으로 오도록 무릎 위에 반듯이 놓고, 단추 구멍이나 목에 끼는 것은 바람직하지 않다. 식사 중 부득이하게 자리를 잠시 비워야 할 경우 냅킨은 의자 위에 놓아 두어야 한다. 이때 냅킨을 식탁 위에 올려두면 접대원에게 손님이 식사를 마치고 나가버린 것으로 오해받을 수 있기 때문이다.

서양의 테이블 매너에서 냅킨은 입술을 가볍게 닦는데 쓰기 위함이며, 식기를 닦거나 타올처럼 땀을 닦는 것은 예의에 어긋나므로 주의해야 한다. 식탁에 물 같은 것이 식사 및 음료를 엎질렀을 경우에는 냅킨을 사용하지 않고 접대원을 불러 처리하는 것이 좋다.

식사 시 준비된 포크와 나이프는 주요리 접시를 중심으로 가장 바깥쪽부터 안쪽으로 하나씩 사용해 가는 것이 일반적이다. 가급적 포크는 언제나 왼손으로 잡는 것이 옳은 방법이나, 근래 미국에서처럼 음식을 자른 뒤 나이프는 접시 위에 놓고 왼손에 든 포크를 오른손으로 옮겨 잡고 음식을 먹는 경우도 일반적으로 나타난다.

식사 중 포크와 나이프를 접시 위에 여덟 팔자(포크는 엎어놓고 나이프는 칼날이 안쪽으로) 모양으로 놓으면 식사 중임을 의미하며, 둘을 가지런히 접시 위 오른쪽에 엎어 놓으면 식사가 끝났음을 의미한다.

식사 시 제공되는 빵은 자신의 왼쪽에 놓이며, 물컵은 오른쪽에 놓인다. 이때 빵은 나이프를 쓰지 않고 한입에 먹을 만큼 손으로 떼어 먹으며, 빵을 입으로 베어 먹어서는 안되니 주의해야 한다. 빵은 수프가 나온 후에 먹기 시작하고, 디저트가 나오기 전에 마쳐야 한다.

수프는 왼손으로 국그릇(soup plate)을 잡고 바깥쪽으로 약간 숙인 다음 오른손의 스푼으로 바깥쪽으로 떠서 먹는 것이 전통적인 방식이나 현대는 그릇을 그대로 두고 먹어도 무방하다. 그러나 식사 중 소리를 내는 것은 동물의 표시(To make a noise is to suggest an animal)라는 말에 나타나듯이, 소리를 내서 먹는 것은 절대 삼가해야 한다.

서양에서는 식사 중 식탁에서 반드시 나이프와 포크를 써서 음식을 먹는 것이 원칙이며, 손으로 먹는 것은 엄하게 금지되어 있다. 그러나 새우나 게 요리의 경우 껍질을 벗길 때는 손을 사용하지만, 이 경우 Finger bowl을 사용하여 손가락을 반드시 씻는 것이 중요하다. 또한 생선의 작은 뼈를 입 속에서 꺼낼 때는 이것을 포크로 받아서 접시 위에 놓는 것이 좋다.

식사의 마지막 코스인 디저트를 마친 후 손가락을 씻도록 내오는 물인 핑거 볼(finger bowl)을 사용할 경우 손가락만 한 손씩 사용하고, 손 전체를 집어 넣거나 두 손을 넣는 것은 금지된다.

4. 칵테일과 와인매너

서양식 파티에 주로 사용되는 식전주(Aperitif or Cocktails)는 위스키(Whiskey), 진(Gin), 보드카(Vodka)를 주재료로 만드는 Hilghball이 있다. Scotch and soda, Scotch and water, Bourbon and soda, Bourbon and water, Bourbon and coke, Bourbon and ginger-ale이 대중적이다.

식전주는 보통 한두 잔이면 적당하며, 한 잔 더 청할 때는 처음에 마신 것과 같은 것을 마시는 것이 좋다. 식전의 위스키는 물이나 소다수로 희석하여 약하게 마시고 함께 나오는 올리브, 레몬, 버찌 등은 먹어도 좋다. 술을 못하는 사람이라도 식전주의 형식으로 진저 에일이나 세븐업, 콜라 등을 마시고, 차게 마시는 식전주는 글라스의 목, 즉 스템 부분을 잡는다. 식욕을 돋구기 위한 식전주이므로 절대로 취할 정도로 많이 마셔서는 안 된다.

Note

그 밖에 대표적인 10대 칵테일의 제조법과 숨은 뒷이야기를 통해 칵테일 문화에 배워보자.

우선 진한 코코넛 향과 파인애플 맛이 조화로운 칵테일인 피나콜라다는 화이트 럼 1, 피나콜라다 믹스 1, 파인애플 주스 3의 비율로 만든다. 베이스로 쓰인 럼은 미국의 개척시대부터 선원들이 자주 마셨던 술로 일명 해적 술이다. 피나콜라다는 스페인어로 '파인애플이 구성한 언덕'이라는 의미를 갖고 있으며, 캐리비안의 대표적인 칵테일로 푸에르토리코의 한 바텐더가 1950년 만들었다고 전해진다.

럼, 오렌지와 아몬드 시럽, 라임을 사용하여 만든 폴리네시안 스타일 칵테일인 트로피컬 칵테일의 여왕, 마이타이(Mai-Tai)는 캘리포니아 오클랜드의 폴리네시안 레스토랑의 사장의 아이디어로 만들어졌다고 전해진다. 어느 날 이 칵테일을 마신 타히티 손님이 "Maitái roa ae!(이 세상의 것이 아니다.)"라고 감탄한 것에서 마이타이라는 이름이 붙여졌다고 한다.

환상적인 장미빛이 매력적인 칵테일, 잭 로즈(Jack Rose)는 브랜디를 베이스로 한 술 중 가장 유명한 칵테일이다. 애플 잭 2, 라임주스 2, 그레나딘 시럽 1의 비율로 만든다. 당밀에 석류를 넣어 만든 선홍색의 시럽인 그레나딘 시럽이 환상적인 장미 빛을 만들어낸다. 전해지는 바로는 아주 예전에는 포도주를 만들고 남은 으깨진 붉은 포도로 만들던 칵테일이였다.

진의 깊은 맛과 깔끔한 끝맛을 느낄 수 있는 진엔토닉(Gin and Tonic)은 영국이 인도를 점령하고 있던 당시 영국 군인들이 말라리아를 퇴치하기 위해 마시던 쓴 약물에 진과 토닉, 라임을 섞어 먹던 것에서 유래했다. 진을 베이스로 한 롱 드링크 스타일(도수가 세지 않아 길게 마시는 칵테일)로 진의 깊은 맛에 깔끔한 끝맛이 어우러진다. 진엔토닉은 하이볼 글라스에 진을 넣고 토닉워터로 채워 만든다.

커피향 짙은 칵테일, 깔루아 커피(Kahlua Coffee)의 깔루아 커피인 리큐어는 아라비카 원두에 사탕수수에서 얻은 독한 술 스피릿이나 달콤한 브랜디, 그리고 바닐라 등 방향 성분을 첨가하여 만든다. 여기에 커피와 우유를 넣어 깔루아 커피를 만드는 데 비율과 첨가물에 따라 각양각색의 맛을 내 특히 여성들에게 인기가 많다. 미국에는 1960년경 소개됐으나 유럽에서는 제2차 세계대전 이전부터 마셨다.

마티니(Martini)는 드라이 진에 베르무트를 섞은 후 올리브로 장식한 투명한 칵테일로서, 베르무티는 포도주에 브랜디나 당분을 섞고 향료나 약초를 넣어 향미를 낸 리큐어다. 그 덕에 마티니는 향은 향긋하지만 강한 쓴맛을 지니고 있다. 보통 30도 이상. 애플 향이 나는 애플 마티니는 미국 드라마 <섹스 앤 더 시티>의 주인공이 자주 마시는 칵테일로 유명하다.

상큼한 라임향, 마르가리타(Margarita)는 데킬라로 만든 가장 유명한 칵테일이다. 데킬라를 기본으로 라임, 소금으로 새콤한 맛을 내며, 잔 가장자리에 소금을 묻혀서 낸다. 이 칵테일의 유래로는 한 호텔의 지배인이 어떤 음료든 소금을 넣는 여자친구를 위해 고안했다는 설과 LA 바텐더 존 듀레서가 총기 오발로 죽은 젊은 시절 연인의 이름을 붙였다는 설이 있다.

묵직한 스카치와 벌꿀의 단 맛이 매력적인 러스티 네일(Rusty Nail)은 직역하면 녹슨 못이지만 영국 속어로 '고풍스러운'이라는 뜻을 가지고 있다. 스카치 위스키를 베이스로 벌꿀과 허브를 첨가한 드람브이라는 리큐어를 사용하는 것이 일반적이다. 이 리큐어에 위스키를 섞어 만드는데 벌꿀의 단맛과 허브의 스파이시한 맛이 어우러져 식후 음료로 그만이다. 40도 이상의 술로 만드는 경우가 있으므로 주의해서 마셔야 한다.

찬란한 일출의 정경을 표현한 데킬라 선라이즈(Tequila Sunrise)는 집에서 간단하게 만들 수 있는 칵테일 중 하나다. 데킬라와 오렌지주스, 석류 시럽의 비중을 이용해 일출의 정경을 만들어 냈다. 얼음을 넣은 잔에 데킬라와 오렌지주스를 부은 후 석류 시럽 조금을 천천히 넣고 체리로 장식한다. 1970년경 멕시코 공연을 갔던 롤링스톤즈가 그 맛에 반해 가는 곳마다 찾았다고 한다.

헤밍웨이가 사랑한 칵테일로 유명한 모히토(Mojito)는 럼으로 만든 가장 유명한 칵테일 중 하나이다. 초창기의 럼은 카리브해의 서인도 제도 및 바하마 제도에서 설탕을 정제하고 남은 당밀로 만든 값싼 술이었으며, 뱃사람들이 즐겨 마셔 해적의 술이라고 불렀다. 설탕과 라임, 민트잎을 짓이긴 후 화이트럼과 소다수를 부어 만든다.

칵테일에 사용되는 다양한 모양의 잔에 대해 알아보자!

Note

▌리큐어(Liqueur)잔은 증류수에 향미 성분을 추가하여 별도의 맛이 있는 인삼주, 매실주 같은 과일주를 담는 잔으로서, '코디얼잔'이라고도 불린다.

▌스트레이트(Straight)잔은 위스키를 마실 때 주로 사용하는 잔으로 소주 한 잔 정도 분량인 30㎖가 기본 크기이며 '샷(shot) 글라스' 라고도 한다.

▌브랜디(Brandy)잔은 배 부분이 불룩하고 입구가 좁은 튜울립 꽃 모양을 닮은 잔으로, 브랜디의 향이 잔에 오래 남아 있도록 만들어졌으며 '나폴레옹잔'이라는 별명이 있다. 브랜디는 체온으로 따뜻하게 데워 주면 맛과 향이 더욱 좋아지므로 스템(다리)을 잡는 대신 술잔을 손으로 감싸듯 잡는 것이 좋다. 브랜디는 잔 크기와 관계없이 늘 30㎖만큼만 따라 마시는 게 요령이다.

▌와인(Wine)잔은 화이트 와인잔보다 큰 게 레드 와인잔이다. 이유는 레드 와인이 화이트 와인보다 향과 색이 진하기 때문에 더 많은 향을 잔에 간직하고, 색을 통해 시각적인 검증을 받기 위해서이다.

▌샴페인 플루트(Champagne Flute)잔은 와인잔의 종류 중 하나로서 끊임없이 올라오는 미세한 거품을 눈으로 즐기기 위해 특징적으로 가늘고 긴 몸체를 가지고 있다.

Note

▌샴페인 소서(Champagne Saucer)잔은 입구가 넓어 더 많은 양의 샴페인을 따를 수 있게 고안된 것으로, 리셉션 등 행사장에서 건배할 때 많이 볼 수 있다.

▌칵테일(Cocktail)잔은 얼음을 넣지 않고 만드는 칵테일에 사용되는 잔으로, '마티니 잔' 이라고도 한다. 여러 가지 변형된 형태가 많지만, 기본형은 그림처럼 역삼각형의 잔에 스템이 달린 모양이 대표적이다. 역삼각형 모양은 술잔을 거꾸로 완전히 기울이지 않아도 남은 술을 쉽게 마실 수 있는 점이 특징이다.

▌올드 패션드(Old Fashioned)잔은 스템이 없는 두툼한 원통형 모양의 키가 작은 텀블러를 가리킨다. 위스키를 온더록으로 마실 때 사용하기 때문에 '온더록잔'이라고도 불린다.

칵테일은 종류에 따라 마시는 법이 다르다. 이때 그 방법을 알면 더욱 세련되게 칵테일을 즐길 수 있다.

▌글라스의 가장자리에 소금이 묻어 있는 것은 '스노 스타일' 이라고 불리는 칵테일로, 보드카에 그레이프 프루트 주스를 첨가한 솔티 도그(salty dog)가 대표적이다. 한 곳에만 입을 대서 먹어도 좋고, 한 바퀴 돌아가면서 입을 대도 무방하다.

Note

▌머들러(Muddler)가 들어 있는 칵테일의 경우, 머들러는 사용하고 나면 꺼내서 종이 냅킨 등의 위에 놓는 것이 좋은 예의이다. 레몬과 라임은 짠 후에 꺼내도 좋고, 가운데 넣은 채로 마셔도 괜찮다.

▌스터(Stir)가 꽂혀 나온 칵테일의 경우 스터는 스트로(straw)가 아니라 잘 섞이도록 젓기 위한 목적의 스틱이다. 따라서 스트로처럼 빠는 것은 매우 힘들기 때문에 섞는 용도로만 사용하는 것이 좋다. 커피 전문점에서 나오는 얇은 두께의 긴 막대인 커피스틱도 빨대가 아니라는 점을 알아두자.

▌과일이 장식되어 나오는 칵테일의 경우 과일도 꼭 먹는 것이 좋다. 이때 과일껍질이나 씨는 냅킨에 싸서 둔다. 또한 장식되어 있는 꽃은 꺼내도 좋고, 그대로 마셔도 괜찮다.

▌스트로(Straw)가 두 개가 나온 경우, 한 개를 사용해서 마신다. 이때 다른 하나는 스트로가 막혔을 때를 대비하여 나온 여분이다.

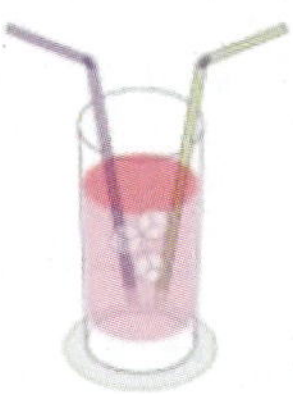

주로 잘 익은 포도의 당분을 발효시켜 만든 와인은 요리와 함께 시작하여 요리와 함께 마무리하는 대표적인 식중주이다.

와인은 영어로 와인(Wine), 독어로는 바인(Wein), 불어로는 뱅(Vin), 이탈리아어로는 비노(Vino)라고 한다. 유럽인들은 '와인 없는 식탁은 태양없는 세상과 같다.'는 말을 자주할 정도로 와인을 소중히 여긴다. 육식을 주로 하는 서양인들에게 알칼리성 음료인 와인은 없어서는 안 될 '건강보조식품'이기도 하다.

Note

와인은 같은 양조주인 맥주와 함께 역사가 가장 오랜 술 중 하나다. 기원전 7700년경의 바빌로니아 함무라비 법전에 이미 와인 제조와 음주에 관한 규정이 나와 있으며, 와인은 로마신화와 성경에도 등장한다. 특히 그리스도가 최후의 만찬에서 "이 포도주는 나의 피요, 이 빵은 나의 살"이라고 말한 이후로 포도주는 기독교와 매우 밀접한 관계를 갖는 술이 되었다. 유럽의 역사를 지배해 온 종교가 기독교임을 생각할 때 와인의 번성은 당연한 결과라고 할 수 있다.

와인을 제조법에 따라 나누면 비발포성 와인과 발포성 와인, 그리고 주정강화 와인으로 나뉜다.

비발포성 와인(Still Wine)이란 와인 양조 때 발생하는 탄산가스를 제거한 와인이다. 보통 식탁에 올려지는 와인을 말하며, 테이블 와인이라고도 부른다.

발포성 와인(Sparkling Wine)이란 1차 발효가 끝난 다음, 2차 발효에서 생긴 탄산가스를 그대로 함유한 와인으로 흔히 샴페인이라고 부른다. 그러나 샴페인은 원래 프랑스 북부 상파뉴 지방에서 생산되는 스파클링 와인을 뜻하는 말로, 다른 지역에서 생산된 발포성 와인이라면 그저 '스파클링 와인'이라고 칭하는 것이 정확하다. 예를 들어, 샴페인의 한 종류로 통하는 그랑주아도 '스파클링 와인 그랑주아'라 하는 것이 정확한 표현이다.

마지막으로 주정강화 와인(Fortified Wine)은 와인 제조과정에 알코올 도수가 높은 그 지역의 브랜디 혹은 향신료, 약초 등을 첨가한 것으로 스페인의 세리, 시실리섬의 마르살라, 포르투갈의 포르토, 프랑스의 드라이 베르무트와 이탈리아의 스위트 베르무트 등이 이에 속한다. 세리와 베르무트는 식전주로, 마르살라와 포르토는 디저트 코스 음료로 자주 쓰인다.

색깔에 따른 분류로는 백포도주와 적포도주, 그리고 로제 와인이 있다. 백포도주(White)는 보통 생선음식(white meat)의 반주로 7~10℃ 정도 차게 마시고, 샴페인(Champagne)은 백포도주의 일종으로 축하의 술이며, 대부분 노란색이나 황금빛을 띤다. 5~7℃로 차게 해서 마신다. 적포도주(Red)는 육류음식(red meat)의 반주로서 실온, 즉 17~19℃로 즐긴다. 백포도주와 적포도주 사이의 아름다운 빛깔을 가진 로제 와인(Rose)은 육류와 생선요리 공통으로 반주가 되며, 차게 해서 마신다.

세계 4대 와인은 Lafite Rothchild, Mouton Rothchild, Cheval Blanc, Chateau la Tour

Note

(Margaux, St. Emillion)이 있고, 와인은 수확 후 4~5년 숙성시킨 후 출하하고 수확 후 15년에서 20년 정도까지의 시기에 최고의 맛을 낸다. 이때 포도주의 맛이나 질은 포도 수확연도(Vintage)가 좌우한다. 적포도주(Bordezux)의 경우 1961, 1975, 1978, 1982, 1983, 1985년 생산된 제품이 가장 품질이 뛰어나고, 백포도주(Bourgone Blanc)의 경우 1971, 1985년산 와인의 맛이 가장 뛰어나다고 평가되고 있다.

와인은 입 속에 요리가 들어 있을 때는 마시지 않고 또 마실 때마다 마시기 전 냅킨으로 입술을 가볍게 닦는 것이 예의이고, 웨이터(Waiter)가 병마개를 따면 주빈이나 손님에게 코르크 병마개를 내밀거나 포도주를 약간 따라주는데, 이때는 자연스럽게 냄새를 맡거나 맛을 보고 '좋다'는 말을 해주는 것이 적절하다.

와인을 테이스팅(testing)할 때는 다음의 단계를 거쳐 좋은 와인인지 확인한다.

▌주문한 것이 맞는지 라벨을 확인한다.

- 소량의 와인을 따라주므로 잔을 약간 앞쪽으로 기울여 식탁보를 배경으로 빛에 비춰 보고 색을 체크한다.
  이때 적포도주는 파란 빛이 날수록 젊고, 오래된 것일수록 노란 빛을 띠며, 백포도주는 연수에 따라 녹색에서 갈색으로 색이 점점 변하는 특징이 있다. 좋은 포도주일수록 색이 선명하며 반짝이듯 빛나는 광택이 나타나니 주의해서 보도록 한다.
- 2~3회 잔을 돌려서 향을 맡아본다. 젊을수록 꽃이나 과일 향기를 느낄 수 있고, 오래될수록 버섯, 사슴, 담배 또는 바닐라 향기가 나는 특징이 있다. 향기가 쾌적하지 못하고 코르크 냄새가 나는 것은 좋은 것이 아니며, 유황냄새가 나는 것은 위험한 것이니 폐기하는 것이 좋다.
- 소량을 입에 머금고 맛을 체크한다. 포도주를 약간만 입 속에 넣고 혀끝으로 굴리듯 하여 단맛, 짠맛, 신맛, 쓴맛을 감별하고 네가지 맛이 균형과 조화되어야 좋은 와인이다.
- 마지막으로 아무런 문제가 없으면 '좋습니다. 모두에게 주세요.' 등의 말로 OK 사인을 보낸다.

o x

Note

와인잔을 들 때는 위의 그림과 같이 손가락을 가지런히 모으고 와인의 다리(stem)부분을 잡는다. 이때 새끼 손가락으로 와인잔의 바닥(base)을 누르면서 잡으면 안정감 있게 와인잔을 들 수 있다.

이때 브랜디잔을 잡듯이 와인의 컵(bowl)을 잡으면 와인이 따뜻해져 맛이 변할 수 있으므로 주의해야 한다.

와인을 마실 때는 다리부분을 쥐고, 건배할 때는 잔과 잔을 부딪치지 않고 잔을 얼굴 높이로 들어 주위 사람과 눈으로 건배를 한다. 와인을 마실 때는 조금씩 음미하면서 즐기는 것이 좋고, 여러 종류의 와인을 함께 즐기는 것을 좋아한다면 반드시 가벼운 와인부터 시작해 맛이 강한 와인순으로 마시는 것이 좋다.

즐겁게 와인을 즐기다가 더 이상 마시고 싶지 않다는 거절의 표현을 하고 싶을 때는 와인 글라스 위에 가볍게 손을 얹는다. 글라스 위를 손으로 뚜껑 덮는 듯한 행동은 매너에 어긋나므로 주의해야 한다.

마시던 와인병을 보관할 때에는 어둡고 9~13℃의 일정 온도가 유지되는 것이 좋다. 또한 연중 내내 뉘어서 코르크 마개가 젖어있도록 저장하고 진동이 없는 곳이 적당하다. 와인은 다른 냄새를 빨리 흡수하는 특징이 있으므로 보관 시 주변에 마늘과 같이 냄새가 강한 물건은 멀리해야 한다.

식후주로는 브랜디와 리큐어를 주로 즐긴다. 브랜디란 포도를 증류해 만든 술을 총칭한다. 체리, 복숭아, 사과 등 다른 과일을 증류해 만든 것일 때엔 체리 브랜디, 피치 브랜디, 애플 브랜디 등 과일 이름을 붙여 부른다. 대표적인 식후주로 알코올 도수가 40~42도에 이르는 독주다.

브랜디란 네덜란드어로 '불에 태운 와인' 이란 뜻으로 보통 8병 정도의 와인을 증류하면 1병의 브랜디를 얻을 수 있다. 증류된 하얀색 브랜디는 오크 통 속에서 숙성되는 동안 짙은 갈색으로 변한다. 오크 통의 향과 색이 브랜디에 스며들기 때문이다.

포도를 증류한 것이므로 와인 생산지라면 어디서나 생산이 가능하다. 그중에서도 프랑스의 코냑 지방, 알마냑 지방의 브랜디가 유명하다. 이 둘은 각각 코냑, 알마냑이라는 독립된 이름으로 불린다.

Note

코냑으로 유명한 회사는 레미 마르탱, 헤네시, 쿠르부아지에, 카뮈, 마르텔 등이 있다. 이 중에서도 쿠르부아지에와 레미 마르탱의 '나폴레옹' 코냑을 최고로 친다. 코냑은 숙성기간에 따라 등급이 정해져 있으므로 코냑을 주문할 때는 상표뿐 아니라 등급도 함께 말해야 한다. 등급에 따른 숙성연도는 회사마다 다소 차이가 있다.

코냑의 등급

★	3~4년	V.S.O.P.(Very Superior Old Pale)	25년
★★	5~6년	Napoleon	30년
★★★	7~10년	X.O.(Extra Old)	45년
V.S.O.(Very Superior Old)	15년	X.(Extre)	70년 이상

코냑 글라스는 향을 오래 보존하고 극대화하기 위해 입구가 좁은 항아리 모양을 하고 있다. 크기는 9온스, 32온스, 자이언트 글래스 등 다양하다.

코냑은 일반적으로 따뜻하게 해서 마신다. 글라스째 살짝 알코올 램프(브랜드 워머)에 데우기도 한다. 이것은 코냑의 향을 더욱 진하게 느끼기 위해서다. 마실 때는 글라스를 흔들어 코냑이 안에서 파도치게 한 후, 둘째와 셋째 손가락 사이에 글라스 다리를 끼우듯 들어 코냑을 데우기 위해 손바닥으로 글라스 뜻 부분을 감싼다. 천천히 그리고 조금씩 마시면서 코냑의 향과 맛을 즐긴다.

리큐어는 여성들이 식후주로 즐겨 찾는 술이다. 당도가 있고 색깔이 아름다우며, 27~80도의 폭넓은 주정에 그 종류 또한 매우 다양하다. 리큐어는 증류주에 과즙, 약초, 꽃, 천연향료, 식물의 일이나 뿌리 등을 가미한 것이다. 원래 이탈리아의 약용주로 사용하였으나 16세기 피렌체 메디치 가의 딸 카트린 드 메디치가 앙리 7세와 결혼하면서 프랑스에 전해졌다고 한다.

리큐어의 한 종류인 베네딕틴은 프랑스의 북부 노르망디 인근의 베네딕트파 수도원에서 개발한 술로서 27가지 재료를 넣는다고 전해지고 있으나, 그 비법은 아직 공개되지 않고 있다. 식후 칵테일의 하나인 B & B는 이 베네딕틴과 브랜디를 혼합한 것이다.

또한 샤르트뢰즈는 라 그랑드 샤르트뢰즈라는 수도원에서 만든 것으로 리큐어의 여왕으로 불린다. 130여 종의 약초를 넣어 만들어지며 주정 43도의 노란색, 55도의 그린

Note

색 샤르트뢰즈로 나뉜다.

재미있는 와인이야기

▌한국식 와인매너, 조선일보, 2017.7.7.

한국식 주도(酒道)와 서양의 와인매너는 사뭇 다르다. 그렇다 보니 웃지 못할 헤프닝도 벌어진다. 한국식 주도를 지키자니 와인을 마시는 자리에 걸맞지 않고, 그렇다고서 양식을 따르자니 '예의 없다'는 소리를 듣기 십상이다. 그래서 여태용 세계주류 대표는 매너란 정해진 형식이 아니라 함께 있는 사람을 배려하고 불편하지 않게 하는 것이기 때문이다. "와인 매너도 한국화가 필요하다."고 이야기한다.

• 벌떡 일어나 두 손으로 받을까?

신입사원 입사 환영회 자리. 회사 대표이사가 와인 한 잔을 따르겠다고 나섰다. 무척 긴장한 신입사원 A씨. 벌떡 일어나 '감사합니다'를 외치며 두 손으로 정중히 잔을 받는다. 이것은 잘못된 와인 매너일까? 서양에서는 와인을 따를 때 잔에 손을 대지 않는다. 가벼운 눈인사로 고마움을 표현한다. 하지만 이런 매너도 때와 장소에 맞아야 하는 법. 굳이 와인 매너를 지키겠다고 윗사람이 와인 따르는 데 손 하나 까딱하지 않고 가만히 있는 것은 우리 '정서'에 맞지 않다.
여 대표는 "친분이 두터운 상사나 선배의 경우에는 잔 받침대에 살짝 손을 올려 놓는 정도로 예를 표하면 되겠지만, 깍듯이 예를 갖춰야 하는 분께는 두 손으로 잔을 받는 것이 우리나라의 사정에 맞을 것"이라고 했다. 다만, 와인잔의 높이가 높은 데다 병의 길이도 높이 들게 되면 따르는 사람이 불편하므로 두 손으로 잔을 받을 때는 잔을 높이 들어올려서는 안 된다.

• 빙글빙글, 쩝쩝

와인에 대해서는 얕은 지식만을 가진 C씨. 맛을 음미하겠다고 와인 한 모금을 들이킨 뒤 후루룩 후루룩 소리를 내며 입안에서 혀로 빙글빙글 돌린다. 또 와인은 스월링(Swirling)을 통해 공기와 골고루 접촉할 수 있도록 하는 것이 좋다는 말에 따라 대화 중간중간에 심심하면 잔을 빙글빙글 돌려 함께 식사하는 사람들의 눈총을 받는다.
와인 맛을 깊이 음미하기 위한 행동이나 스월링은 일반적인 모임 자리가 아닌 테스팅을 할 때나 필요한 것으로, 와인을 볼이 넓은 잔에 따르는 것 자체가 이미 산소와의 접촉을 하게 하는 것이므로 비즈니스나 공식적인 자리에서 습관적으로 와인잔을 돌려대는 것은 예의에 어긋난 행동이다. 즉, 입에 와인을 머금고 혀로 맛을 분석하는 것도 집에서나 할 일이다.

• 건배, 짼~?

연말, 회사의 회식자리. 사장이 나서 건배를 제의한다. 사장은 주위 사람들에게 팔을 쭉 뻗어 잔을 부딪히길 원했지만, 와인 매너에 해박한 임원 D씨는 살짝 잔을 들어올리며 목례를 하고 말았다.
서양 사람들은 잔을 부딪히지 않는 경우가 흔하지만 한국 사람들은 굳이 잔을 '쨍~'하고 부딪히기를 좋아한다. 이렇듯 한국 사람들처럼 잔을 부딪힌다고 해서 와인매너에 어긋나는 것은 아니다. 다만, 와인 잔의 입이 닿는 부분은 깨지기 쉬우므로 볼록한 부분이 맞닿도록 잔을 부딪히는 것이 좋다.

Note

5. 기타 술매너

술을 마시면 즐거운 기분이 좋아지고 대화도 허심탄회해져서 자리가 편안하게 변화된다. 불평을 말하거나, 화를 내거나 하는 것 보다는 긍정적이고 칭찬의 말을 주고 받으면서 즐겁고 밝게 마시는 것을 명심하자. 너무 취해서 소동을 피우거나, 싸우는 등 다른 사람에게 민폐를 끼치거나 분위기를 거북하게 만들 정도로 마시는 것은 금물이다. 적당히 술을 따르는 것은 괜찮지만, 원래 술을 잘 마시지 못하는 사람에게 무리하게 강요하는 것은 좋지 못하다. 만약 술을 못 마실 경우에는 밝게 거절하고 부드러운 음료 등 좋아하는 것을 마신다.

1) 맥주

맥주를 가장 맛있게 따르는 것에는 사람마다 여러 가지 선호하는 방법이 있지만, 대체로 거품이 30, 맥주가 70가 가장 이상적이라고 말한다. 만약 비즈니스 접대에서 맥주를 제공할 경우에는 주문 전에 상표도 배려하고, 거래처와 관계 있는 브랜드가 있다면 그것을 선택하는 것이 좋다.

〈따르는 법〉

① 병맥주는 상표를 위로 가게 한 다음, 오른손으로 상표 있는 곳의 아랫부분을 잡고, 왼손은 병의 주둥이쪽의 밑 부분을 받치듯 잡는다.

② 병의 입구를 잔보다 조금만 띄워서 거품이 흘러 넘치지 않도록 조용히 따른다.

③ 맥주잔의 5~6㎝ 위부터 처음에는 천천히 조금씩 따르고, 마지막에는 거품이 생기도록 조금 빨리 따른다. 거품은 잔의 입 닿는 곳에 닿을 정도로 한다. 거품의 양은 글라스 전체의 3/10 정도가 좋다.

〈받는 법〉

받는 쪽은 잔을 양손으로 받는다. 오른손을 옆에 두고, 왼손은 바닥에 덧댄 후 잔을 기울이거나 가볍게 들어 올려서 따르기 쉽도록 잡는다.

Note

2) 청주(사케)

청주는 잔의 8~9부 정도로 따르는 것이 좋다.

〈따르는 법〉

① 술병은 오른손으로 입구쪽을 잡고, 왼손으로 물수건 등을 대서 아래쪽을 잡고 따른다. 물수건은 술이 흘러내리는 것을 막기 위해서 사용한다.

② 부딪치지 않도록 잔에서 조금 떼어서, 잔의 8~9부까지 따른다.

〈받는 법〉

잔을 양손으로 잡고 감사의 말을 하고, 술을 받으면 한 모금 마시고 나서 테이블에 내려놓는다.

생각해보기

1. 새로운 방식의 서양파티 종류를 기획해보자.

2. 자신만의 색다른 칵테일 종류를 소개해보자.

REAL IMAGE CASTING

chapter Real 이미지 캐스팅

12

자신을 업그레이드하라

제12장 자신을 업그레이드하라

Note

1. 자기 관리의 필요성

1) 나의 감정과 친해지기

(1) 셀프리더십(Self-leadership)의 중요성

① 셀프리더십의 이해

셀프리더십(Self-leadership)의 개념으로는 기존의 리더가 조직 구성원에게 영향력을 행사하는 거래적(transactional) 관점의 전통적인 리더십과 달리 개인이 자기 스스로에게 영향을 미치는 과정(Manz, 1986)으로 리더십 대체요인 이론에 근거하여 제시한 리더십 이론이다.

밖에서 보이는 나와 안에서 보는 나는 다름을 지각하고 나의 정서와 욕구를 파악하는 힘을 스스로 길러야 한다. 행복도 연습이라는 말이 있다. 평소에 나는 자신의 욕구와 감정을 잘 알고 있는지 확인해 보자. 감정이 주는 메시지에 대해서 통제하고 잘 반응하고 있는지, 내 욕구나 삶의 자극에 대해 선별할 수 있는 통제감과 책임감은 있는지 다음 표를 보며 체크해보자.

감정의 종류

무덤덤한 느낌	자극이 어떤 욕구와 관련이 없는 상황 - 무덤덤하고 특별한 느낌이 없다.
유쾌하고 즐거운 느낌	욕구가 충족된 상황 - 행복하고 즐거운 느낌 예 안도감, 편안함, 기쁨, 만족함
불쾌하고 불행한 느낌	욕구 불충분 상황 - 불행하고 화가 난 느낌 예 슬픔, 화가 남, 짜증남, 창피함, 괴로움, 두려움

Note

② **생각의 통제감**

에미가 친구들에게 물었다.

"우리는 왜 절벽에서 뛰어내리지?", "무슨 말이야 왜냐고? 우리는 레밍이잖아. 우리가 당연히 해야 하는 일이라고. 바보 같기는." 에미의 친구들이 대답했다.

"그래. 근데 뛰어내리고 난 다음엔 어떻게 되는 건데?" 에미가 계속해서 물었다.

"뭔가 좋은 일이 생겨.", "어떤?", "글쎄…. 우리는 아직 모르지." 친구들은 머뭇거리며 어설프게 대답한다. "그럼 그게 좋은 일이라는 걸 어떻게 알지?"

에미는 친구들의 목소리에서 어떤 두려움이 배어 나오는 걸 느끼며 집요하게 캐물었다.

에미의 친구들은 일제히 입을 다물었고, 시간이 한참 지난 후 한 친구가 대답했다.

"좋은 게 틀림없어. 그 이유는…. 아무도 다시는 돌아오지 않잖아"

이 이야기는 데이비드 허친스가 쓴 『레밍 딜레마』에 나오는 내용 한 부분을 옮긴 것이다. 레밍은 나그네 쥐라고도 한다. 일정기간이 되면 무리를 지어 이유 없이 절벽을 향해 나아가 집단자살을 하는 습성을 갖고 있는 것으로 잘 알고 있다.

『레밍 딜레마』에서는 '에미'라는 친구가 갖고 있던 다른 점은 "왜 우리는 뛰어 내리지?" 하는 문제를 제기하면서 자신의 존재의 의미와 삶의 목표에 대해 탐색하고 있었다는 것이다.

우리 모두는 저마다 성공을 꿈꾸지만 성공을 추구하기보다는 자신이 성공할 수 없는 다양한 이유를 대는 경우가 많이 있다.

막연하게 "열심히 하다 보면 좋은 결과가 있겠지." 하는 기대를 하고 있고 마치 "뭔가 좋은 일이 생겨"라며 어쩌면 절벽을 향해 열심히 나아가는 레밍들의 모습과 우리는 닮아 있지 않을까 생각한다. 이 이야기에서 우리가 배울 수 있는 교훈은 똑같은 상황에서도 나를 긍정적으로 전환시키는 힘, 나를 변화에서 이끌어 낼 수 있는 통제감, 그것이 내 인생에서 주인으로 살아가는 법이다.

Note

(2) 좋은 인성 갖추기

사회생활을 하다보면 '저 사람은 참 버릇이 없어.' 또는 '예의가 없어.'라는 말을 듣게 되는 경우가 있다. 바로 인성이 부족하다는 표현인데, 바른 인성이란 '사람의 성품, 각 개인이 가지는 사고와 태도'로서 사전적 정의를 빌리면 좋은 인성을 지닌 사람이란 '좋은 성품과 좋은 사고, 좋은 태도를 지닌 사람'이라고 할 수 있다.

일관성 있는 삶의 철학을 바탕으로 미래지향적인 긴 안목을 가지고 목표와 계획을 가지고 살아가기 위해서 반드시 인성을 갖추는 노력이 뒷받침되어야 한다. 좋은 인성을 갖추기 위해서는 먼저 자기 자신을 사랑해야 한다. 나르시시즘(Narcissism)이란 자기 자신에게 애착하는 것으로 자신이 리비도의 대상이 되는 정신분석학적 용어로, 자기애(自己愛)라고도 번역한다. 물에 비친 자신의 모습에 반하여 자기와 모습을 그리워하다 물에 빠져 죽어 수선화가 된 나르시시즘은 그리스 신화에서 호수에 비친 자기 모습을 사랑하며 그리워하다가 물에 빠져 죽어 수선화가 된 나르키소스(Narcissos)라는 미소년의 이름에서 유래되었다. 프로이트(Freud)가 이 말을 정신분석학에서 자아의 중요성이 너무 과장되어 자기 자신을 너무 사랑하는 것을 지칭하는 용어로 사용하였는데, 프로이트는 나르시시즘에 대해 자기 자신을 리비도의 대상으로 삼는 것이라고 정의하였으며, 인격적 장애의 일종으로 보았다.

요즘 서점에 가보면 성공한 사람들에 대한 수많은 책들이 무수히 쏟아져 나와 있다.

이 책들을 자세히 살펴보면 공통점을 찾을 수 있는데, 자신의 존재의미를 잘 알고 있으며 가치에 대한 끊임없는 탐색을 하며 '나는 누구인가'를 잘 파악하며 명확히 인식하고 있으며, 삶의 비전과 목표를 가지고 끊임없이 노력하는 사람들이라는 것을 배울 수 있다. 특히 요즘 같이 하루하루 발 빠르게 변화하고 발전하고 있는 현대사회에서도 여전히 강조되고 있는 것은 사람의 인성 부분이다. 사회생활을 하면서 대인관계 속에서 인성이 중요하다는 것은 진심이 깃든 배려와 존중이 일상에서 자연스럽게 배어나오는 것으로, 조화롭게 이 사회에서 살아가기 위해 기본으로 갖추어야 할 자세라고 할 수 있다.

Note

✓ 인성 좋은 사람들의 공통적인 특징

①
②
③
④
⑤

✓ 다음 표를 통해 자신을 점검하며 지금 사회에서 필요한 인재는 변화하는 환경 속에서 자기경영을 실천하는 사람으로 자신의 미래설계를 위해 어떤 노력이 필요한지 작성해 보자.

<SWOT 자기 경영 분석 Tool>

	강점(Strength)	약점(Weakness)
내부 환경 (나의 상황)		
	기회(Opportunity)	위협(Threat)
외부 환경 (나를 둘러싼 환경)		

(3) 삶의 비전 설정

자신의 삶의 비전과 목표를 설정하기 위해서 갖춰야 할 덕목은 바로 리더십이다. 여러분이 한 번쯤은 읽었거나 들어봤을 책 스티븐 코비의 『성공하는 사람들의 7가지 습관』을 읽어보면 외적 성격과 내적 성품에 대해 이야기가 나온다.

즉, 외적인 성격에 기반 하는 기량도 중요하지만 성공을 향한 노력과정 속에서 중요한 요소는 책임감, 겸손, 절제, 용기, 언행일치, 긍정적인 패러다임, 인내 등 황금률과 같은 것이 기반이 되었을 때 성공하는 리더로서의 진정한 역량을 발휘한다고 스티븐 코비 박사는 말하고 있다.

이 중에서 내 삶을 위해 꼭 필요한 역량인 책임감에 대해 자세히 살펴보도록 한다.

Note

먼저 책임감(Responsibility)은 반응을 뜻하는 'Response'와 기술을 뜻하는 'Ability'의 합성어이다. 사회라는 테두리는 타인에게 피해를 주지 않으려는 마음이 동반되어야 하며, 상대를 존중하는 마음가짐을 기본 바탕으로 행동해야 하고 내 삶과 조직에 기여한다는 마인드를 갖고 일과에 대한 책임감을 갖고 임하도록 한다. 즉, 책임감이라고 하는 것은 우리가 생활과 상황 속에 받는 자극에 대해 우리가 어떻게 응할지를 결정하는 능력을 말한다.

내가 살아가는 데 있어 책임감이 중요한 이유는 책임감은 자신의 삶에 대한 통제력을 갖게 하는 데 반드시 필요한 요소이기 때문이다.

2) 긍정의 패러다임 이해

(1) 패러다임의 중요성

과거로 돌아가서 유아기를 거쳐 아동기와 청소년기에는 스스로 자신의 삶에 대해 책임을 가지고 있지 않는다. 부모님들이 대부분 아이들의 삶과 생활의 결정권을 갖고 자녀들의 삶을 책임져 준다. 이 상황이 심한 경우 이러한 패턴으로 인해 성인이 되고, 심지어 나이 먹어서까지 부모님이 자신의 삶을 책임져 주기를 바란다. 그렇다면 자신의 삶을 주관하고 책임감을 갖기 위해서는 먼저 세상을 바라보는 패러다임의 대한 이해가 필요하다.

'패러다임'은 그리스어에서 유래된 말로, 원래 과학용어였으나 오늘에 와서는 모델, 이론, 지각, 가정, 혹은 준거의 틀의 의미로 더 많이 통용되고 있다. 일반적으로 패러다임의 대한 정의를 살펴보면 우리가 세상을 바라보는 방식을 의미한다. 이때 보는 것은 단순히 눈으로만 보는 것이 아니라, 지각하고 이해하고 보는 것을 해석하며 바라보는 것을 말한다.

모든 사람들은 제각기 나름대로의 '패러다임'을 가지고 있으며, 이러한 패러다임으로 세상을 바라보고 해석한다.

이러한 패러다임은 개인의 삶과 생활에 영향을 미치게 되고, 판단하고 행동하는 태도에 영향을 미치게 된다. 태도가 얼마나 중요한 요소인지 이야기를 들려주고자 한다.

다음 그림을 보고 무엇이 떠오르는지 각자 생각하며 대답해보자.

① **패러다임의 사례** 1

- 한 남자가 있었다. 그의 인생은 도무지 되는 일이라고는 없는 것 같아 보이는 이 남자, 문제가 시작된 것은 그가 어릴 때부터였다. 그는 유난히 산만하고 부산스러운 아이라 항상 말썽을 일으키는 날이 많아 6살 때 주위에 미움을 받았다. 걱정이 되어 그의 부모는 아이를 심리상담사에게 데려갔다. 불행히도 그들이 선택한 심리상담사는 이 소년을 성적으로 학대하기 시작했다. 소년은 부모님에게 그런 사실을 알렸지만 소년의 부모는 아이가 또 꾀를 부리는 것으로 여겼으며, 몇 년 동안 그 학대가 계속되었다.

  13살 때 어머니가 암으로 세상을 떠나면서 소년은 또 다시 타격을 입었다. 아버지는 재혼했고 소년은 새로운 가족에 적응하지 못하고 방황했으며, 힘든 사춘기를 거치면서 고등학생이 된 그에게 '구제불능'이라는 낙인이 찍히게 되었다. 그러한 딱지를 붙인 사람은 다름 아닌 학교 상담교사였다. 흔히 그렇듯이 소년은 사람들의 예상을 빗나가지 않았다. 어른이 된 그는 이리저리 직장을 옮겨 다녔다.

  마침내 그는 중죄를 짓고 철창에 갇히는 신세가 되었으며, 친구들과 가족들로부터 격리된 채 절망의 나락으로 떨어졌다.

- 두 번째 남자는 주식중개인이었다. 그는 2년 동안 증권사에서 일하다가 창업을 하기로 결정했다. 그가 소액을 투자해서 시작한 사업은 2년 만에 수백만 달러로 불

어났고 그 다음에는 흔히 GPS라고 부르는 요즘 자동차에 많이 사용하는 위성항법 장치를 개발하는 회사를 설립하였고 다시 인터넷 최대 규모의 물물교환 웹사이트를 개설하게 되었다. 사업의 확장과 더불어 그는 이상형의 여자를 만나 결혼했으며, 세 명의 귀여운 자녀를 낳고 저택을 샀으며 고급 승용차를 몰았다. 그리고 자선행사에 참석해서 재계와 연예계 인사들과 교류하였다. 한마디로 그는 모두가 부러워하는 멋진 삶을 살고 있다.

✅ 여러분들이라면 앞의 사람의 삶과 뒤의 사람의 삶 중 어떠한 삶을 살기를 원하는가?

대시에 나온 두 사람의 이야기는 모두 실화로 이 이야기는 에릭 아론슨이 쓴 『대시(Dash 하라)』에 나오는 이야기이며, 놀랍게도 책을 쓴 저자인 아론슨의 이야기다. 어떻게 한 사람의 일생이 이렇게 반전이 있을 수 있는 것인가를 이야기를 통해 살펴본다면, 그것은 자신이 삶을 사는 데 있어 태도의 변화에서 찾을 수 있는 것이다. 주어진 하루하루를 그저 열심히 살아가는 것만으로는 부족하다. 다시 말해, 우리는 우리의 인생을 그저 흘러가는 대로 둘 것이 아니라 바로 내가 나아갈 방향을 스스로 선택해야 하는 것이다.

② **패러다임의 사례** 2

1950년대 한 어선이 먼 바다에서 물고기를 잡아 배에 가득 싣고 부두로 향하고 있었다. 바다의 끝에 육지가 보이자 선원들의 마음은 조금씩 기쁨으로 채워졌고, 선원들은 잡은 물고기들이 좋은 값에 팔리길 기도했다. 그렇게 모두가 부두에 신경을 쓰고 있을 때 한 선원이 그만 실수로 냉동고에 갇히고 말았다.

냉동고에 갇힌 선원은 살려달라고 외쳤으나 그의 외침을 들은 사람은 아무도 없었고 점점 지쳐간 선원은 그대로 털썩 주저앉고 말았다. 그리고 가만히 앉아 구원의 손길을 기다렸다. 얼마나 갇혀 있었을까, 시간이 흐르고 드디어 배가 항구에 도착했다.

물고기를 꺼내려고 선원들이 냉동고의 문을 열자, 냉동고에선 썩은 냄새가 진동하고 있었다. 이상하게 생각하며 상태를 살피러 들어선 선원들이 그들의 동료 한 명이 쓰러져 있는 것을 발견했다. 흔들며 동료 선원의 상태를 파악하고자 했던 그들은 그 쓰러져

Note

있던 선원은 이미 죽어 있는 것을 알게 되었다. 죽은 선원 옆에 수첩이 하나 떨어져 있었고, 그 노트에는 그 사람이 죽어가면서 자기 몸 상태의 변화에 대해 남겨 놓은 기록이였다. 그 기록의 내용은 그가 얼어 죽는 과정에 대해 상세히 적혀 있었던 것이다. 그런데 그 냉동고는 고장으로 인해 작동하지 않고 있었다. 그 죽은 선원은 실내온도 15도 정도의 온도에서 자신의 생각으로 영하의 온도를 만들어냈고, 결국 스스로를 죽음까지 몰고 갔던 것이다. 이 이야기는 긍정과 부정의 패러다임 차이로 생사가 결정된 것이다. 당신이 냉장고 온도는 몇 도인지 늘 스스로를 점검해보길 바란다.

생각해보기

자신이 만든 냉동고 온도 속에서 서서히 얼어 죽어갈 수도 있다.
선원, 무엇의 문제일까요?

•
•
•

나폴레온 힐의 『성공의 법칙』을 읽어보면 긍정적인 패러다임을 통한 자기 암시를 통해 관점의 변화에 대한 중요성을 이야기한다. 나폴레온 힐은 본문에서 '스스로 실패했다고 믿는 사람들의 대부분은 정말로 실패한 것이 아니라 단지 일시적으로 무너진 것뿐이다.'라고 말한다.

'실패란 존재하지 않는다. 우리 눈에 보이는 건 실패가 아니라 일시적인 고난일 뿐이다. 순간 일시적인 것을 영원한 것처럼 만들지 말라.'고 한 나폴레온 힐의 이야기처럼 '실패'에 대한 패러다임을 전환하여 일시적인 시험으로 여러분의 인생의 발목을 잡지 않도록 해야 할 것이다.

(2) 비전설정

우리 모두는 성공적인 삶, 타인에게 인정받는 삶, 물질적으로 풍요로운 삶을 원하지만 이것을 모두 갖는 것은 쉽지 않다. 그러나 적어도 자신을 사랑하는 법을 안다면 행복은 쉽게 얻을 수 있다. 성공학 대가인 브라이언 트레이시는 '자신을 완전히 사랑하기

Note

위한 방법'으로 다음 5가지를 제시하고 있다.

① 자신을 아무 조건 없이 받아들여야 한다. 자기 수용은 자부심의 기초라고 할 수 있다.
② 자신의 삶과 자신의 행동에 대한 결과는 100% 책임을 져야 한다. 책임감은 자신에 대한 사랑의 본질이기 때문이다.
③ 가치 있는 목표를 세우는 것이다. 목표설정은 자신의 삶을 제어하고 계획성 있는 시간을 설계하게 한다.
④ 자신이 넘어졌을 때 다시 일어서는 것이 중요하다. 가혹한 환경 속에서 오히려 삶의 진정한 지혜를 구할 수 있기 때문이다.
⑤ 무엇보다 자신의 몸을 잘 돌봐야 한다.
 - 잠재의식의 깊은 곳에 자리 잡을 때까지 하루 100번씩 "나는 내가 좋다. 나는 내가 좋다. 나는 내가 정말 좋다."라고 소리내어 말하도록 한다. 이것이 바로 자신을 좋아하도록 만드는 절대적 프로그램이다.

비전이라고 하는 것은 우리가 미래에 이루기를 바라는 것에 대한 기대라고 하는 것이다. 윌리엄 제임스는 "인간의 역사에서 가장 위대한 발견은 마음가짐을 바꾸면 삶을 바꿀 수 있다."라고 말했다. 이것은 이 기적 같은 캔버스의 마법을 의미하는 것으로 사람은 생각하는 대로 되는 법이다. 낙관적인 생각을 하면 낙관적인 인생을 살게 될 것이고, 비관적인 생각을 하면 비관적인 삶을 살게 된다는 것이다. 자신의 분야에서 최고가 되겠다고, 그리고 되었다고 생각하고 스스로에게 최고가 된 자신의 이미지를 그리고 바라던 자신의 완성된 이미지가 바로 비전이 되는 것이다. 비전이란 스스로 자신이 누구이며, 앞으로 어떠한 사람이 될 것인가에 대한 목표를 명확하게 세우는 것이다. 그렇기 때문에 우리는 비전이라는 것은 막연한 꿈이 아니라 당장 실현되지는 않았지만, 반드시 미래에 만날 수 있게 될 현실이다. 마음경영을 잘하는 사람은 품위와 교양을 위해 늘 투자한다. 여기서 품위란 삶의 하강기가 찾아와도 퇴행하지 않을 수 있는 능력이다. 고통에 직면하면서도 무너지지 않을 수 있는 능력, 극심한 고뇌를 겪으면서도 제자리에 남아 있을 수 있는 능력은 품위를 지킬 때 완성된다는 미국의 정신과 의

Note

사이며 상담학자 모건 스콧 팩(의사)의 말이다. 스콧 팩(Scott Peck)이라는 미국의 정신과 의사이며 상담학자가 지은 저서 중에『아직도 가야 할 길(The Road Less Traveled)』이란 책이 있다. 저자는 자신의 임상경험을 바탕으로 인간 완성의 길이 무엇인지를 알려준다. 또한 비전은 우리가 생각하고 상상력을 확장할 수 있고, 가슴에는 비전을 이루고자하는 열정으로 가득 차게 한다. 가끔은 현실에서 부딪히는 역경이라도 극복해 나갈 수 있는 힘을 주고, 나에게 다가오는 장애를 털고 불가능해 보이는 것에서 가능성을 발견하게 해주는 것이 비전이다. 여기에서 비전의 대한 의문이 들 수 있을 것이다. 만약 그렇다면 다음 질문에 답할 수 있는 것이 자신의 비전이 될 것이다.

'무엇을 하든 절대 실패하지 않는다고 가정할 때, 내가 꼭 갖고 싶은것, 되고 싶은 것, 성취하고 싶은 것은 무엇인가?'

이 질문에 대답하기 위해서는 자신의 장점과 능력을 먼저 찾아보아야 한다. 이것을 통해 비전을 달성하게 될 것이기 때문이다. 비전을 위해서 우리는 가슴에 꿈을 가득 담아야 한다. 비전을 설정한다면 작은 비전보다는 거대한 비전을 세우도록 한다.

마지막으로 비전을 설정할 때는 글로 쓰라는 것이다. 한 대학에서 인구통계에 관한 조사를 실시했다. 인구의 3%가 엄청난 성공을 거두어 상류층을 형성하고 있고, 10%는 비교적 여유 있게 살고 있었으며, 60%는 겨우 생계를 꾸려가고 있고, 나머지 27%는 다른 사람의 도움을 받으며 어렵게 살고 있다는 것이다. 여기에서 놀라운 사실 한 가지는 엄청난 부를 누리며 사회를 실질적으로 이끌어 가고 있는 상위 3%의 사람들은 '글로 쓴 구체적인 목표'를 가지고 있었다는 것이다.

그에 반해 중산층 10% 그룹은 구체적인 목표를 가지고 있긴 했지만 글로 쓰지는 않고 마음속에만 생각하고, 나머지는 거의 목표를 가지고 있지 않았다는 것이다. 더욱 흥미로운 사실은 학력이나 지능면에서 차이가 있었던 것 아니라, 조사결과 상류층 3%와 중산층 10%는 재능, 능력, 학력, 지능 면에서 차이도 없음에도 불구하고 상류층 3%의 사람들이 중류층 10% 그룹과 10배 이상의 탁월한 능력을 발휘하고 있었다고 한다. 단지 두 그룹 사이의 차이는 오직 자신의 목표를 글로 작성했는가의 여부뿐이다.

Note

(3) 비전선언문 작성

로리 베스 존스는 비전선언문을 작성할 때 염두 해야 할 3가지를 제시했다. 비전 선언문은 먼저 외우기 쉬워야 하고 짧게 만들어야 하고, 12살 아이도 이해할 수 있도록 표현이 간결해야 하며, 적어도 세 문장을 넘지 않아야 한다.

비전을 세웠다면 다음으로는 목표를 설정하는 방법에 대해 알아보자.

목표를 설정할 때는 'SMART'를 기억하면 된다. 목표는 너무 멀고 너무 높은 꿈과 비전을 현실적이어야 하며 우리를 움직이게 하는 동기를 부여하는 것이어야 한다.

▌S -

▌M -

▌A -

▌R -

▌T -

① S - (　　　　　), 계획은 언제나 구체적이어야 하고 잘 모르는 것에 대한 계획이라도 최소한 구체화시키려고 노력해야 한다. 모든 목표는 구체적이어야 하고 막연한 목표는 목표로서 의미가 없다. 만약 목표가 너무 모호하고 제대로 설정되지 않았다면, 그것은 한낱 바람이나 몽상에 지나지 않는다.
예를 들어 먼저 '살을 빼겠다.'라는 목표는 구체적이지 않고 명확한 기준을 알 수가 없다. 살을 뺀다는 목표를 설정한다면 '나는 3개월 동안 5kg을 빼겠다.'가 훨씬 실현 가능해 보이는 목표가 된다. 즉, 구체적인 목표는 우리가 비전과 목표를 이룰 수 있도록 한다.

② M - (　　　　　), 계획은 측정 가능해야 한다. 측정할 수 없는 목표는 성취에 대한 기준을 정할 수 없다. '체중을 빼겠다.'라는 목표를 정했다면 이 목표가 현재 내가 어느 정도의 목표를 이루어가고 있는지에 대한 측정을 할 수 없게 된다. 차라리 '체중을 5kg을 줄이겠다.'는 목표가 정해져 있다고 가정한다면, 현재까지 내가 몇 kg의 체중을 줄여가고 있는지 알 것이며, 조금씩 지켜가기 위해 어떠한 노력을 더 기울여야만 하는지 알 수 있게 된다.

Note

③ A - (　　　　), 행동 지향적인 목표로 예를 들면 '체중을 5kg 빼겠다.'와 같은 목표를 위해 '매일 운동을 1시간씩 한다.'가 보다 실천 가능할 뿐 아니라 목표를 이루기 위한 행동지향적인 목표가 된다.

④ R - (　　　　) 도달할 수 있는 목표여야 하며 현실 가능해야 한다.
본인이 목표를 세우고 할 수 있을까 하며 스스로를 믿지 못하는 목표는 목표로서의 의미가 없다. 예를 들어 살을 빼겠다고 목표를 정한 후 운동도 하지 않고 식사량도 조절하지 못하며, "내일부터 시작해야지. 정말 살이 빠질까?" 하며 본인 스스로가 자신을 믿지 못한다면 실현할 수 있는 목표가 될 수 없다.

⑤ T - (　　　　), 반드시 시간의 범위를 정해 두어 시간과 시기적으로 적절해야 한다는 것이다. 사람은 언제나 마감시간이라는 개념 아래에 최대의 집중력을 발휘할 수 있다.
예를 들면 '나는 체중을 5kg 빼겠다.'와 같은 목표보다는 '나는 3개월 후 여름방학이 시작하기 전까지 5kg을 빼겠다.'가 시기적으로 적절할 것이다. 목표의 마감기한은 너무 짧아도 좋지 않고 너무 길어서도 안 된다는 것을 기억하기 바란다.
결국 비전이란 전 인생을 통해 궁극적으로 이루고자 하는 미래상이 되기 때문에 비전에는 개인의 인생철학과 가치가 모두 반영되어 있으며, 특히 시간 관리에 있어서 비전은 아주 중요한 요소가 된다.

2. 미래설계를 위한 시간의 이해

1) 시간관리의 중요성

우리가 추구하는 행복, 부귀, 명예, 건강을 만들어내는 것은 결국 시간이다. 만약 시간경영자가 되고 싶다면 목표를 설정하고, 그 계획안에 비전을 지향하고 있어야 삶의 만족도를 찾을 수 있게 될 것이다. 다음 과정에서 시간관리에 대해서 자세히 알아보도록 한다.

하버드에는 1,000개가 넘는 강의가 있고 100가지 이상의 과외활동이 있다. 그런데

Note

하버드 1학년생들에 가장 중요한 일은 시간을 관리하는 법을 익히는 것이다. 꼭 해야 하는 일과 하고 싶은 일을 어떻게 균형 있게 안배할 것인지를 배워야 한다. 먼저 '고등학교 시절의 성공 습관'을 버려야 하고 가장 시급한 과제는 책을 읽고 과제물을 해내는 데 얼마만큼의 시간이 드는가를 알아내서 시간관리 방법을 스스로 파악하고 익히는 것이다.

그 이유는 일단 공부에 필요한 시간의 견적이 나와야 다른 활동들을 거기에 맞춰 조절할 수 있기 때문이다.

미래를 위한 꿈과 비전을 설정하고 여러분의 인생을 원하는 대로 끌고 가기 위해서는 스스로의 시간을 효과적으로 관리하는 것이 중요하다.

'Time files like an arrow'라는 격언은 많이 들었을 것이다. 이것을 해석하면 '시간은 화살처럼 흐른다.'로 흔히 이야기한다. 그런데 보통 많은 사람들이 시간관리라고 하면 시간(Time)이 중심이 될 것이라고 생각을 하는데, 시간을 중심으로 하는 시간관리는 진정한 시간관리가 아니다. 그래서 여기에서 우리는 자신의 행복과의 시간을 통해 얻은 것도 많았던 반면, 자기 자신에 대해 잃은 부분도 분명 있을 것이다. 이제 더 이상 나 자신의 삶을 내가 아닌 다른 것에 맡기지 말아야 한다.

어제는 이미 흘러가버린 시간이며, 내일은 가능성의 시간일 뿐이다. 내가 가진 것은 오늘이라는 현재뿐이다. 그래서 현재를 '선물(Present)'이라고 한다.

시간관리는 곧 자기관리와 연결된다. 시간경영을 하기 전 먼저 자신의 사고를 변화시키는 것이 중요하며, 습관을 변화시키기 위해서는 자신의 습관을 제대로 파악하고 잘못된 점은 인정하는 것이 먼저이다. 여러분의 업무에서 가장 큰 성과를 내는 업무에 여러분의 시간과 에너지를 쓴다면 삶은 획기적으로 발전하게 될 것이다. 그러기 위해서는 스마트한 자기 시간관리가 중요하다. 스마트한 시간관리를 위해서 필요한 것은 먼저 열정을 가지고 즐겁게 일하고 생각하는 태도이다.

우선 시간관리는 크게 2가지만 잘 지키면 된다.

1. 남들이 자고 있을 때 생산적인 일에 투자하는 것이고,
2. 남들이 서너 시간 걸릴 일을 한 시간에 하는 것이다.

Note

2) 시간낭비를 줄이는 방법

전자는 일에 대한 성실함과 열정을 뜻하고, 후자는 업무에 대한 지식과 역량에 관한 것이다. 다시 말해 효율적인 시간관리를 위해서는,

① 게으름과 맞서 싸워 불필요한 시간낭비를 줄이는 것이 가장 쉬운 방법이다.

② 전날 밤에 다음날의 일정을 미리 준비해 놓는 것이 아침시간을 활용하는 데 아주 효율적이다.

③ 시간표를 작성한다. 단기간, 장기간 시간계획을 세우면 스트레스가 줄어들게 되고 일별, 주별, 월별 계획을 짜서 조직화하면 안정감을 느끼며 꼭 해야 할 일을 할 수 있고, 삶이 더 풍요롭게 보낼 수 있게 된다.

④ 하루를 일찍 시작한다. 대부분의 성공하는 사람들은 하루를 일찍 시작하는 습관이 있고, 늦게 일어나는 사람들은 대부분 하루를 바쁘게 시작할 가능성이 많다.

⑤ '최고의 시간'에 가장 중요한 일을 한다. 여기서 최고의 시간이라 함은 우리의 생체 시간에서 머리가 가장 맑고 생산적인 때를 말하는 것으로, 대부분의 경우 아침시간이 이러한 때지만, 사람에 따라 저녁시간이 될 수도 있다. 그래서 우리의 삶 속에서 중요한 일을 할 때는 이러한 시간을 활용하는 것이다.

3) 시간매트릭스 활용

어떤 일을 하든지 무엇을 먼저 할지 순서를 정하고 시간분배를 하는 것이 매우 중요한 요소이다. 아이젠하워는 시간사용 방법을 관찰한 결과, 사람들이 하는 활동을 중요한 일과 긴급한 일로 나누어 분석하는 새로운 관점을 제시하였다.

시간활용을 위한 툴로 다음 표와 같은 매트릭스를 활용하는 것이 제일 이해가 빠를 것이다.

Note

〈그림 12-1〉 스티븐 코비의 시간관리 매트릭스

	급함	급하지 않음
중요함	Ⅰ 긴급회의, 급박한 문제, 마감이 임박한 프로젝트, 보고, 돌발상황	Ⅱ 계획수립, 사고예방, 미래를 위한 학습, 삶의 재충전, 삶의 가치관 및 비전확립
중요하지 않음	Ⅲ 불필요한 보고 및 회의, 다른 사람의 사소한 SNS 메시지	Ⅳ 인터넷 서핑, TV 시청, 다른 사람 뒷담화, 지나친 휴식, 시간이 낭비되는 하찮은 일

출처: http://blog.naver.com/jean63?Redirect=Log&logNo=60096171207 재구성

우선순위를 정하기 전에 해야 할 일은 다음날 해야 할 일에 대해 중요한 일과 급한 일을 구분하는 것으로 중요한 기준으로는 '중대성'을 들 수 있다.

중요한 일이란 본인의 실행 여부에 따라 중요한 결과를 만들어 내는 일로 가장 신경을 써야 될 부분이 바로 1사분면의 '긴급하면서 중요한' 부분으로, 이것을 하지 않게 되면 여러분의 삶에 즉각적인 문제가 되어 버릴 수 있다.

그 다음으로 신경써야 할 부분은 2사분면으로 '중요하지만 급한'일인 경우에는 특히 자신의 의지와 노력이 들어가는 부분으로, 2사분면에 시간을 투자할 때 여러분의 삶은 개선되고 발전하게 된다.

다음으로 우선순위를 정하고자 할 때 그 일이 가지는 잠재적인 결과를 예측하는 것 또한 중요한 방법으로 그 일을 선택함으로서 얻을 수 있는 결과를 예측한다면, 어느 곳에 시간을 써야 하는지를 알 수 있게 된다. 예를 든다면 시간을 들여 헬스클럽을 다닌다고 생각해 보면, 그 결과로는 건강하고 젊은 몸을 만들 수 있으며 또한 우리가 독서를 하고 악기를 배우며 자기계발을 하는 것, 좋아하는 사람과 시간을 보내는 것 등은 장기적인 미래에 중요한 영향을 미치게 되는 것이다. 이러한 행동들은 우선순위가 높은 행동이 된다.

반면에, 친구와 만나 수다 떨기, 핸드폰 게임하기, TV 보기, 인터넷 검색하기 등은 장기적으로 본다면 영향력이 없다고 볼 수 있다. 사람이 90살 까지 산다고 가정해 본다면 이를 산술적으로 풀어놓은 연구결과가 있다. 잠자는데 보내는 시간이 무려 23년, 욕실에서 보내는 시간 2년, 일하는데 26년, 화장실 가는데 1년, 차 타는데 6년, 누군가

를 기다리는 시간이 약 3년, 신문 보는 시간 2년, TV 보는 시간 4년, 거기에 요즘 핸드폰 만지는 일명 킬링 타임(killing time)까지 더한다면 필요 없이 낭비하고 있는 시간은 매우 많으며 그 시간만 우리가 잘 활용해도 본인이 계획하고자 하는 목표에 더 빨리 가까이 이뤄낼 수 있을 것이다. 우리 모두에게 주어진 시간은 한정되어 있다. 사람들은 모든 것을 다 할 수 없기 때문에 많은 것을 미루게 되듯 나한테 정말로 소중한 일을 하기 위해서 지금 당장 하지 않아도 될 중요하지 않은 일이 무엇인지 생각한 후, 다음 표의 빈칸에 작성해 보고 시간관리를 통해 효과적인 시간관리 습관을 통해 인생관리를 하도록 한다.

4) 효과적인 시간관리 방법

시간관리를 효율적으로 하는 방법은 다음과 같다.

① 시간을 통제할 수 있다는 긍정적 마음가짐이 필요하다.

긍정적인 사고를 가지고 시간 관리의 습관을 바로 갖는 것이 중요하며, 삶의 차이를 만들 것이라고 믿는 것이 변화를 만드는 단계가 된다.

② 반드시 행동으로 옮기는 것이다.

여러분이 당신의 삶을 사랑한다면 시간을 낭비하지 마라. 삶이란 바로 시간으로 이루어져 있기 때문이다.

③ 모든 시간을 일과 스케줄의 노예로 보내서는 안 된다.

잊지 말아야 하는 것은 시간관리의 궁극적인 목적도 행복해지기 위해서라는 것을 기억하도록 한다.

④ 끊임없는 반복으로 실천적인 시간경영을 자신의 삶의 한 부분으로 습관화한다.

Note

자신만의 시간관리 노하우를 작성해보자.

	–
	–
	–
	–

Note

참고문헌

김경호(2008). 이미지 메이킹의 이론과 실제. 높은 오름.

김상희(2007). 서비스접점에서 판매원 언어적, 비언어적 커뮤니케이션이 고객감정과 행도의도에 미치는 영향.

김효승(2008). 어떤 상대도 내 사람으로 만드는 62가지 기술. 작은 키 나무.

나은영(2002). 인간 커뮤니케이션과 미디어. 한나래.

나폴레온 힐(2007). The Law of Success 나폴레온 힐 성공의 법칙. 중앙경제평론사.

네이버(2016). 상식으로 보는 세상의 법칙: 심리편. 21세기북스.

데이비드 허친스(2001). 레밍 딜레마. 바다출판사.

로리 베스 존슨(2007). 기적의 사명선언문. 한언.

로버트 치알디니(2013). 설득의 심리학 1. 21세기북스.

마크 포스터(2002). 스마트한 시간관리 인생관리 습관. 중앙경제평론사.

모건 스콧 펙(2011). 아직도 가야 할 길. 율리시즈.

박기순(1998). 대인 커뮤니케이션. 세영사.

브라이언 트레이시(2006). 목표 그 성취의 기술. 김영사.

송유정 외(2007). 이미지 메이킹. 예림출판사.

스테벤 텐 하베(2000). 경영의 지혜. 비즈니스맵.

심윤정 외(2017). 서비스마인드와 글로벌 매너. 양성원.

앨런 피즈, 바바라 피즈(2005). 보디랭귀지. 북스캔.

앨런 피즈, 바바라 피즈(2013). 그 여자 그 남자의 보디랭귀지. 이상북스.

에릭 J. 아론슨(2013). 대시하라. 이콘.

오익재(2006). 상대의 마음을 사로잡는 보디랭귀지. 예솜출판.

오정주・권인아(2003). 비즈니스 매너와 글로벌 에티켓. 한올

이재희・최인희(2016). 비즈니스 커뮤니케이션(2판). 한올.

일카네기(2003). 링컨 당신을 존경합니다. 함께 읽는 책.

임유정(2017). 스피치 트레이닝, 60일의 기적. 원앤 원 북스.

정세환(2009). 비즈니스 매너. 팜파스.

정운(2004). 스님 요즘 뭘하십니까. 여시아문.

조영대(2010). 글로벌 에티켓과 매너. 백산.

존 그리샴(2005). 타임 투 킬. 시공사.

주영애 외 2인(2010). 매너와 이미지 메이킹 플러스. 신정.

최광선(1999). 몸짓을 읽으면 사람이 재미있다. 일빛.

최인희(2013). 관광서비스종사원의 이미지 메이킹과 셀프리더십 및 커뮤니케이션이 조직성과에 미치는 영향.

카민 갤로(2007). 세계 최고 비즈니스 커뮤니케이터들의 10가지 성공비법. 북 코프.

Note

피터드러커(2012). 자기경영노트. 한국경제신문.

하이럼 스미스(1998). 성공하는 시간관리와 인생관리를 위한 10가지 자연법칙. 김영사.

한명숙 외(2005). 자기이미지 커뮤니케이션. 교문사.

Alan Randolph(1985). *Understanding and Managing Organizational Behavior*, Homewood IL: Irwin.

Anderson. J. S. & Prussia, G. E.(1997). The self-leadership questionnaire: Preliminary assessment of construct validity, *The Journal of Leadership Studies*, vol.4, 119-143.

Bateman, T. S., & D. W. Organ(1983). Job Satisfaction and the Good Soldier: The Relationship Between Affect and Employee Citizenship. *Academy of Management Journal, 26*, 587-595.

D. S. Ellis(1976). The centeral of communication in complex organizations in P.A. Page & G.I. Zimmeraman(eds)., Communication in organizations. New York: West Pablishing, p.18.

E. Hall(1984). The Dance of Life: The Other Dimension of Time(NY: Doubleday).

K. E. Boulding(1996). The Image Annarbor: University of Michigan Press, 1996), pp.5-6.

Manz, C. C.(1986). Self-leadership: Toward an expended theory of self-influence processes in organizations, Academy of Management Review, Vol.11, No.3, 585-600.

<참고사이트>

두산백과 NAVER 지식백과

http://blog.naver.com/ceola

http://blog.naver.com/kelleymint

Note

찾아보기

Note

Note

저자소개

■ **최인희**

경주대학교 대학원 관광경영학박사
현) 경기대학교 서비스경영대학원(AMP) 초빙교수

■ **김구옥**

한성대학교 예술대학원 뷰티예술학 석사
현) 국제대학교 호텔관광경영과 외래교수
판 Make-up 대표

■ **박희정**

동아대학교 대학원 관광경영학 박사
현) 부산여자대학교 항공운항과 겸임교수

■ **이수정**

동아대학교 대학원 관광경영학 박사
현) 부경대학교 경영학부 외래교수

■ **진서현**

강남대학교 대학원 교육학 박사
현) 강남대학교 취창업지원센터 취업중점교수

Real 이미지 캐스팅

1판 1쇄 인쇄 — 2018년 3월 2일
1판 1쇄 발행 — 2018년 3월 5일

저　　자 - 최인희 김구옥 박희정 이수정 진서현
발 행 인 - 강 철 원
발 행 처 - 양 성 원
주　　소 - 경기도 파주시 검산로 173번길 29-20
전　　화 - 031-946-3861(代)
팩　　스 - 031-946-3864
이 메 일 - tnwpub@naver.com
홈페이지 - tnwpub.co.kr
출판등록 - 2015년 8월 31일 제 2015-000211 호

ISBN 979-11-6126-099-0

정가 17,000원